Anna Taube (Hg.)

So schön ist die Welt...

Geschichten über die Wunder unserer Natur

Anna Taube (Hg.)

So schön ist die Welt ...

Geschichten über die Wunder
unserer Natur

PENGUIN
JUNIOR

Inhalt

No one is too small to make a difference.

Niemand ist zu jung, um etwas zu bewegen.

Greta Thunberg

Komm mit!

Wir wollen dich mitnehmen auf eine Reise um die ganze Welt. Es kann sofort losgehen. Du musst keinen Koffer packen, du brauchst nicht einmal deine Zahnbürste! Für unsere Reise musst du nur dieses Buch aufschlagen – und das hast du ja schon gemacht. Ein guter Start, denn jede Reise beginnt mit dem ersten Schritt.

Wir wollen mit dir zehn verschiedene Orte auf unserem schönen Planeten Erde besuchen. Nicht mit dem Flugzeug, sondern in Geschichten! Du wirst Menschen und Tieren begegnen. Sie erleben alle Abenteuer – und zeigen dir dabei, wie sie leben. Manche wohnen mitten in Eis und Schnee. Einige in der Wüste oder in einem Wald. Andere leben am Meer – und sogar darin. Und wieder andere sind, wie du vielleicht auch, in einer Stadt zu Hause.

Alle diese Orte, die wir dir auf unserer Reise zeigen wollen, haben eines gemeinsam: Sie sind wunderschön! Noch …

Noch? Ja, noch. Sie könnten sich aber bald komplett verändern oder sogar von unserem Planeten verschwinden. Manche Veränderungen sind jetzt schon sichtbar. Anderswo gehen sie so schleichend vor sich, dass man sie kaum wahrnimmt. Trotzdem passiert etwas. Wie alles zusammenhängt, erfährst du ab Seite 98.

Wenn aber alle gemeinsam etwas tun, lassen sich viele Entwicklungen noch aufhalten. Dann können die Lebensräume zahlreicher Menschen und Tiere, ihr Zuhause, erhalten werden. Jeder kann mithelfen, auch du! Siehe ab Seite 98. Du musst nicht erwachsen oder Politikerin oder Politiker sein, um etwas zu bewirken. Niemand ist zu jung, um etwas zu bewegen.

Also, komm mit! Reise mit uns über Meere und Kontinente! Entdecke die Welt! Erlebe, wie schön sie ist … und dass wir alles nur Mögliche tun müssen, damit sie so schön bleibt! Los geht's!

Andreas Hüging und Angelika Niestrath

Eine Insel für alle

Eine Geschichte aus der Arktis

Mitten im Polarmeer ragt eine kleine runde Felseninsel aus dem Wasser. Hier gibt es keine Sträucher oder Gras, nur Steine. An den Rändern stürzen steile Klippen hinab ins Eis, das die Insel wie ein dicker weißer Kragen umgibt. Niemand kann auf dem kahlen Felsen wohnen. Doch manchmal kommen Jäger oder Fischer vorbei, um Rast zu machen. Heute sind es Hitty und ihr Vater Pana.

In ihrem Kajak liegt ein Sack voller Fische. Der Fang war gut, morgen können sie nach Hause fahren. Hitty freut sich über die Rast, sie findet die einsame kleine Insel wunderschön. Von den hohen Klippen kann sie rundum auf das Meer schauen. Im Frühjahr erfüllen riesige Vogelschwärme die Luft mit Rufen und Flügelrauschen. Dann kommt es Hitty vor, als könnte sie selber fliegen! Im Winter ist es so still, dass man den Schnee fallen hört. Wenn nach einem Schneesturm die Sonne wieder scheint, glitzert die ganze Insel wie eine Puderzuckertorte.

„Sieh mal, Hitty!" Pana zeigt hinunter zum Fuß der Klippen.

„Ein Eisbär!" Hitty erschrickt. Doch zum Glück interessiert sich der Bär gar nicht für sie. Eifrig schwimmt er zwischen den Eisschollen herum, die vor der Insel im Meer treiben. Immer wieder schubst er sie mit der Nase zusammen.

„Das habe ich ja noch nie gesehen", staunt Pana. „Was macht er da bloß?"

Hitty hat eine Idee. „Der Bär spielt ein Spiel!" Sie lacht: „Eispuzzle!"

„Eispuzzle?" Ihr Vater schaut verblüfft, dann muss er auch lachen.

„Genau so sieht es aus." Pana grinst. „Hilfst du mir jetzt, ein Lager zu puzzeln? Gleich wird es dunkel."

An einem windgeschützten Fleck hat Pana ein wärmendes Feuer gemacht. Nun breitet er sorgfältig die Felldecken für das Nachtlager aus. Hitty füllt Wasser in den Teekessel und steckt Fische auf zwei Spieße. Doch kaum haben sie sich zum Essen hingesetzt, da leuchtet in der Nähe ein zweites Lagerfeuer auf!

„Wer kann das sein?", wundert sich Hitty. Bis jetzt waren sie immer alleine hier.

„Wir werden es gleich wissen", brummt ihr Vater. „Sie kommen, um Hallo zu sagen." Pana ist hungrig und müde. So später Besuch gefällt ihm gar nicht.

Hitty späht neugierig in die Dunkelheit. Schritte knirschen auf den Steinen, dann stehen ein Mann und ein Junge im Licht des Feuers. Fremde Jäger!

„Ich bin Panuk, und dies ist mein Sohn Marlu", sagt der Mann ohne Begrüßung. „Wisst ihr nicht, dass die Insel unserem Stamm gehört? Niemand sonst hat ein Recht, hier zu sein!"

„So ein Unsinn", grummelt Pana zurück. „Unsere Vorfahren haben diesen Platz schon seit Anbeginn der Zeit genutzt. Das ist so überliefert. Daran gibt es nichts zu rütteln."

„Willst du mit mir streiten?" Der fremde Jäger macht

einen Schritt auf Pana zu, aber sein Sohn hält ihn am Ärmel zurück.

„Bitte, Papa", sagt er mit rotem Kopf, „die nehmen uns doch nichts weg!"

„Stimmt genau." Hitty nickt mutig. „Außerdem ist hier Platz genug für alle."

„Pfff! Das werden wir ja sehen!" Ärgerlich dreht Panuk sich um und zerrt Marlu hinter sich her.

Nach dem Essen liegt Hitty noch lange wach und schaut in den klaren Polarhimmel – bis endlich eine Sternschnuppe herabsaust! Da wünscht sie sich ganz fest, dass es am Morgen auf der kleinen Insel friedlich bleibt.

Als Hitty die Augen aufschlägt, schläft ihr Vater Pana noch tief und fest. Aber der fremde Junge ist schon wach. Er steht nur ein paar Meter von ihrem Lager entfernt und winkt ihr aufgeregt zu: „Komm her, ich muss dir was zeigen!"

Neugierig krabbelt Hitty aus dem Schlaffell und schlüpft in ihre Stiefel.

„Guck dir das an!" Marlu zieht sie hinter ein paar große Steine. Dann legt er beschwörend den Finger auf die Lippen: „Pssst!"

Hitty schaut vorsichtig über die Felsspitze. Da sitzt ein Polarfuchs in der Morgensonne und putzt sein Fell! Vorne glänzt es flauschig weiß, aber hinten und an den Beinen ist es viel kürzer, dunkelbraun und struppig.

„Der sieht ja lustig aus!" Hitty kichert leise. „Wie zwei Tiere in einem!"

„Er bekommt gerade sein Sommerfell", sagt Marlu. „Aber eigentlich sollte er gar nicht hier sein."

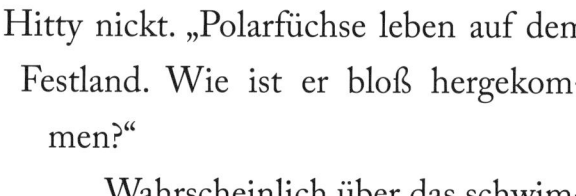

Hitty nickt. „Polarfüchse leben auf dem Festland. Wie ist er bloß hergekommen?"

„Wahrscheinlich über das schwimmende Eis."

Plötzlich steht Pana neben ihnen. „Wenn die Füchse an Land nicht genug Futter finden, folgen sie manchmal den Eisbären", erklärt er. „Dann fressen sie, was die Bären übrig lassen."

„Aber da ist fast kein Eis mehr." Marlu zeigt aufs Meer hinaus. „Wie kommt unser Fuchs jetzt zurück?"

„Das Eispuzzle!", ruft Hitty.

Schnell erzählt sie Marlu, was sie gestern beobachtet hat.

„Meint ihr, der Bär wollte eine Brücke zum Festland bauen?"

Pana hebt zweifelnd die Schultern. Doch bevor er antworten kann, ertönt ein erschrockener Ruf von Marlus Vater.

Immer noch in seine Schlafdecke gewickelt, starrt er mit großen Augen auf eine Herde riesiger Walrosse. Mindestens zwanzig Tiere umringen Panuks Lager. Drei mutige Anführer haben sich direkt vor ihm aufgebaut und blöken laut, um ihn zu vertreiben. Als wollten sie ihm sagen: „Das ist unsere Insel!"

Eilig rafft Marlus Vater seine Sachen zusammen und rennt zu den anderen hinüber.

„Tut mir leid wegen gestern", entschuldigt er sich bei Pana. „Marlu und ich hatten eine schlechte Jagd, deshalb war ich mies gelaunt. Aber ihr habt recht, die Insel gehört allen – natürlich auch den Tieren!"

Kaum hat er das gesagt, da reckt ein Eisbär seinen mächtigen Kopf über den Rand der Klippen. Aber diesmal ist es eine Bärin! Zwei tapsige Bärenkinder folgen ihr auf dem Fuß.

Nie zuvor hat Hitty so viele Tiere zugleich auf der kleinen Insel gesehen. Normalerweise würden die einen großen Bogen umeinander machen!

„Was wollen die alle hier?", fragt sie ihren Vater.

Pana seufzt. „Es wird immer wärmer auf der Erde, weil die Menschen die Luft verschmutzen", sagt er. „Überall in der Arktis schmelzen deswegen Eis und Schnee. Die Tiere verlieren ihren Lebensraum und suchen nach einem neuen Zuhause, um zu überleben."

„Und wir können gar nichts dagegen tun?", fragt Hitty empört.

„Doch", sagt Panuk. „Viele Menschen auf der ganzen Welt tun etwas dagegen."

„Wir auch!", ruft Marlu entschlossen. „Wir wissen jetzt Bescheid!"

„Gut so", bestätigt Panuk. „Und jetzt sollten wir schleunigst von hier verschwinden, bevor die Tiere uns Beine machen."

Doch der Weg zu Panuks Kajak ist versperrt: Auf der Felsklippe kümmert sich die Eisbärin um ihre Jungen. Da darf man nicht stören!

„Unser Boot liegt dort drüben", sagt Hittys Vater ruhig und deutet in die andere Richtung. „Ich fahre um die Insel herum und bringe eures her."

„Dann bleibe ich bei Hitty und Marlu", entscheidet Panuk. „Danke, Pana."

Als Pana mit dem zweiten Kajak im Schlepptau zurückkehrt, erwarten ihn Panuk und die Kinder schon am Ufer. Inzwischen ist auch noch eine große Gänseschar auf der Insel gelandet! Erleichtert steigen alle in die Boote, aber Hitty macht sich Gedanken um den Polarfuchs.

„Der kann nicht so weit schwimmen wie Eisbären und Walrosse", sagt sie besorgt. „Und fliegen kann er auch nicht."

„Schau mal da drüben", tröstet Pana seine Tochter. Er zeigt auf einige große Eisschollen. Dicht nebeneinander treiben sie auf die Insel zu wie ein schwimmender Teppich. Schon ist die Bärin mit ihren Jungen auf das Eisfloß geklettert. Der Fuchs folgt ihnen vorsichtig, doch die Bärin lässt ihn großzügig in Ruhe.

„Gut gemacht!", ruft Marlu. „Gute Reise, kleiner Fuchs!"

Hitty winkt noch, da beginnt plötzlich rundherum das Wasser zu schäumen und zu spritzen. Der Rücken eines Buckelwals taucht neben den Kajaks auf. Erst einer, dann zwei, dann immer mehr. Eine ganze Gruppe! Die Boote wirken winzig zwischen den riesigen Tieren, doch die Wale bewegen sich ganz vorsichtig.

„Die haben Besseres zu tun, als sich mit uns um den Platz zu streiten." Marlus Vater zwinkert Hitty zu. „Mit einem Flossenschlag könnten sie unsere Boote zerschmettern, aber sie tun es nicht. Wir dürfen ihre Welt auch nicht zerstören."

In diesem Moment schwimmt einer der Wale so nah heran, dass Hitty die Luft anhält. Ein gewaltiges Auge hebt sich aus dem Wasser und – zwinkert ihr zu! Oder bildet sie sich das nur ein?

Vielleicht. Doch Hitty ist sich ganz sicher, dass der Wal ihr etwas sagen will: Gemeinsam können wir unsere wunderschöne Welt beschützen.

THiLO

Auf leisen Pfoten

Eine Geschichte aus dem Westen Alaskas in Nordamerika

Seit zwei Monaten und drei Tagen ging Nanuuk nun schon in die Schule. Sie lag in einer kleinen Stadt und war von der Ranch seines Vaters fast zwanzig Kilometer entfernt. Hier, in den endlosen Weiten Alaskas, gab es nur wenige Menschen … und noch weniger Schulen. Mit dem Hundeschlitten brauchte Nanuuk fast eine Stunde für den Weg. Deshalb musste er immer sehr früh aufstehen. Hundert Kinder gingen in acht Klassen, manche hatten sogar einen noch weiteren Weg als Nanuuk. Zum Beispiel Sam. Bis vor zwei Monaten und drei Tagen war er Nanuuks bester Freund gewesen. Aber dann hatte Sams Vater seine Hunde abgegeben und sich einen Motorschlitten angeschafft. Damit er Sam schneller in die Schule bringen konnte, hatte er allen erzählt.

Aber in Wirklichkeit wollte er bloß angeben, das wusste jeder hier. Und Sam war genauso ein Angeber! Jeden Morgen kam er nämlich als Letzter in die Schule, damit auch ja alle den Schlitten bewundern konnten.

Am Tag, bevor Sam und Nanuuk wieder unzertrennliche Freunde wurden, stieg Nanuuk vor der Schule aus dem Hundeschlitten. Wie immer verabschiedete er sich von den Hunden. Es waren Huskys, die besten Schlittenhunde der Welt. Nanuuk war sehr stolz auf sie. Er hatte für alle zwölf die Namen aussuchen dürfen.

„Bis heute Abend, Schneeblitz", sagte Nanuuk und streichelte seinen Liebling. Schneeblitz war der Leithund und lief immer ganz vorne, die anderen folgten ihm.

Als Nanuuk auch noch Reißzahn und Buddy kraulen wollte, dröhnte lautes Geknatter über den Schulhof. Nanuuk seufzte. „Geht das schon wieder los!", grummelte er.

Ein leuchtend roter Motorschlitten jagte auf das Schulhaus zu. Sam saß vor seinem Vater und lenkte. Dabei johlte er übermütig. Motorschlitten zu fahren musste verdammt viel Spaß machen!

Nanuuk wurde blass. Er ließ Buddy los und stand auf.

Sam sprang lässig vom Sitz.

„Da staunst du, was?", rief er Nanuuk lachend zu. „120 PS, Überrollbügel und Rundumleuchte. Damit kommen wir auch durch das größte Schneegestöber."

Nanuuk antwortete nicht, schließlich prahlte Sam jeden Morgen damit. Aber Sam lachte noch fieser. „Tsä, von Technik verstehst du sowieso nichts, oder?", stichelte er. „Habt ihr schon Handys oder trommelt ihr eure Nachrichten noch?"

Nanuuk ballte die Fäuste in seinen Taschen. Aber eine gute Antwort fiel ihm nicht ein. Sam wusste doch genau, wie es bei ihm zu Hause auf der Ranch aussah. Genauso wie bei Sam und auch fast allen anderen Kindern, die außerhalb der kleinen Stadt auf den weitflächigen Bauernhöfen lebten. Warum musste er bloß so fürchterlich angeben? Früher hatte er das nie getan! Nur … irgendwie hatte Sam ja recht. Schon Nanuuks Urgroßeltern waren mit Hundeschlitten gefahren. Es gab also wirklich modernere Fahrzeuge in Alaska …

In diesem Moment schämte Nanuuk sich für ihren ollen Hundeschlitten.

Sams Vater ließ den Motor aufheulen. Er riss den Lenker herum, große Schneefontänen spritzten zu beiden Seiten auf. Dann jagte er vom Hof. Alle dreizehn Schüler aus Nanuuks Klasse sahen ihm hinterher. Auf Schneeblitz, Buddy, Reißzahn und die anderen Hunde achtete niemand. Warum auch? Jeder hatte ja schließlich selbst so einen Schlitten ohne Motor.

Den Rest des Tages hatte Nanuuk schlechte Laune. Noch nicht mal im Tierkundeunterricht konnte er seiner Lehrerin zuhören. Am nächsten Morgen war es sogar noch schlimmer. Schon beim Gedanken an diesen neuen Angeber-Sam hatte Nanuuk keinen Hunger, und zur Schule wollte er erst recht nicht.

„Ich habe Bauchweh!", schwindelte er. Doch seine Mutter war einfach zu schlau. Sie merkte immer, wenn Nanuuk krank war – und heute war er es eben nicht.

Schweigend hockte Nanuuk sich neben seinen Vater auf den Hundeschlitten. Nicht mal die Hunde begrüßte er, so sauer war er. Als sie an der Wegkreuzung ankamen, die zu Sams Farm führte, hörte Nanuuk schon den Motorenlärm.

Der Motor jaulte, wie Reißzahn, wenn ihm jemand aus Versehen auf den Schwanz getreten war. Heute war Sam offenbar früher dran als sonst. Sicher nur, um Nanuuk noch mehr zu ärgern. Jetzt knallte der Motorschlitten. Es hörte sich an, als würde jemand mit einem Gewehr in die Luft schießen.

Die Hunde erschreckten sich ein wenig, aber Schneeblitz blieb cool. Er rannte gleichmäßig weiter. Nicht umsonst hatte Nanuuks Vater gerade ihn zum Leithund ausgebildet. Selbst wenn er die Spur eines Schneehasen witterte – Schneeblitz gehorchte immer.

Nanuuk sah sich um. Sams Gefährt war nur noch fünfzig Schritte entfernt. Hinter dem Motorschlitten stiegen schwarze Wölkchen auf. Immer wenn es knallte, hüpfte der Schlitten und weitere Wolken kamen hinzu. Das sollte heute wohl eine besonders tolle Show werden …

Nanuuk seufzte schwer. Konnte Sam nicht wegziehen? Oder Nanuuk selbst mit seiner Familie? An einen Ort, wo es keinen Schnee gab und man zu Fuß in die Schule gehen oder mit einem Bus hinfahren konnte? Dann musste ihm auch nichts peinlich sein.

Jetzt haute Sams Vater auch noch mit der Hand auf die

Hupe. Immer wieder. So ein alter Wichtigtuer – genau wie Sam!

„Will er die Hunde völlig verrückt machen?", schimpfte auch Nanuuks Vater und stoppte.

Beide sahen, wie Sams Vater heftig winkte.

Trotzdem dauerte es lange, bis er den Hundeschlitten eingeholt hatte. Der Motorschlitten hopste vorwärts wie ein Schneehase.

Neben den Hunden hielt er an. Es stank fürchterlich nach verbranntem Benzin. Die beiden Männer unterhielten sich. Nanuuk verstand durch das Geknatter nur *Motorschaden*, *Werkstatt* und *Schule*.

Was das bedeutete, begriff Nanuuk kurze Zeit später. Sam kletterte von dem Motorschlitten und kam mit gesenktem Kopf auf Nanuuk zu. Sein Vater musste ihn richtig vor sich herschieben.

„Nett, dass ihr Sam mit zur Schule nehmt", sagte Sams Vater zu Nanuuk. „Mein Schlitten spinnt. Wahrscheinlich die Zündkerzen. Tja, die moderne Technik! Mit meinen Hunden hatte ich solche Probleme nie ..."

Sams Kopf war knallrot, als er sich neben Nanuuk setzte. Es musste für ihn eine große Qual sein, wieder in so einem altmodischen Schlitten mitzufahren. Nanuuks Vater ließ die Zügel schnalzen. Schneeblitz und die anderen liefen los.

Lange Zeit sagte niemand von ihnen ein Wort. Blöd, dass die Schule so schrecklich weit weg war. Sie mussten einen großen Wald durchqueren und mehrere unendliche, verschneite Wiesen.

Als sie über eine Brücke fuhren, blickte Sam plötzlich auf.

„Boah, sind das schon Lachse?", platzte es aus ihm heraus.

„Klar – glaubst du, schwimmende Kartoffeln?", wollte Nanuuk antworten. Stattdessen sagte er einfach nur: „Ja."

„Krass!", murmelte Sam. „Hab echt lange keine gesehen!"

Noch mehr staunte Sam aber, als sie mitten im Fluss einen braunen Riesen stehen sahen.

„Ist das ein … Bär?", flüsterte Sam. „Gibt es hier Bären?"

Nanuuk nickte. „Nur einen", antwortete er. „Oder besser gesagt: eine. Das ist eine Bärin, ich habe sie Pelzmütze genannt."

Sam kicherte. „Das ist ein guter Name", lobte er. „Es sieht echt so aus, als würde sie eine Mütze aufhaben."

Nanuuk zeigte auf ihren Bauch. „Ich glaube, sie bekommt im Winter Junge, hoffentlich drei."

„Ja", sagte Sam. „Das hoffe ich auch."

Er lehnte sich im Sitz zurück, wippte aber sofort wieder nach vorne, als sie auf den Wald zuglitten. Zwischen den Bäumen erschien eine Herde Elche. Ihre Schaufeln glitzerten in der Morgensonne. Mit ihren großen runden Augen starrten sie die Hunde an, verschwanden aber nicht. Im Wald sahen sie dann noch eine Hasenfamilie und einen Weißkopfseeadler.

„Boah!", sagte nun auch Nanuuk. „Da hast du echt Glück, Goldschnabel lässt sich nur selten hier blicken."

Sam schüttelte ungläubig den Kopf. „Ich wusste gar nicht mehr, dass es hier so viele Tiere gibt", sagte er voller Bewunderung. „Ich glaube, unser Schlitten ist einfach viel zu laut. Vor dem Motor haben alle Tiere Angst." Nanuuk nickte.

Als sie an der Schule ankamen, wollte Sam gar nicht aussteigen.

„Meinst du, dein Vater will euren leisen Schlitten gegen unseren lauten tauschen?", fragte er nach.

Nanuuk schüttelte den Kopf. „Unsere Hunde gibt er niemals ab", antwortete er stolz und kuschelte länger mit Schneeblitz als sonst. Irgendwie musste er sich ja für seine dummen Gedanken von gestern entschuldigen. Nein, nie, nie, niemals würde er ihren Schlitten gegen einen mit Motor tauschen!

„Aber wenn du willst, kannst du jeden Morgen mitfahren", schlug Nanuuk vor.

Sein Vater nickte. „Du steigst einfach an der Kreuzung bei uns ein."

Sam nickte begeistert. „Das will ich!", rief er. „Ich habe die Tiere echt vermisst, das habe ich heute erst gemerkt!" Er sah Nanuuk an. „Und dich … dich habe ich auch vermisst!"

Nanuuk nahm Sam kräftig in den Arm. „Ich dich auch, du alter Angeber!"

Beide lachten. Und von diesem Moment an waren sie wieder unzertrennliche Freunde.

Bettina Obrecht

Papageien für Gabriel

Eine Geschichte aus dem Regenwald Südamerikas

In meinem Dorf gibt es kein Hotel. Es kommen ja auch kaum Besucher. Manchmal steigen Touristen mit Rucksäcken aus dem Bus. Die dürfen dann bei Tante Rosa schlafen, deren Kinder in die Stadt gezogen sind. Aber Rosa nimmt nur Gäste, die sie nett findet.

Den Händler, der gestern mit seinem Geländewagen gekommen ist, mag Tante Rosa nicht. Deswegen hat Don Luis, der Besitzer des kleinen Ladens, ihm seine Kammer angeboten.

Der Händler lächelt, seit er angekommen ist. Er macht den Frauen Komplimente, bezahlt den Männern eine Runde Schnaps und steckt uns Kindern Bonbons zu. Trotzdem mag ihn keiner.

„Haltet euch von ihm fern", haben unsere Eltern gesagt. „Mit solchen Menschen machen wir hier keine Geschäfte."

Der Händler steht vor Rosas Garten und lauscht auf die Stimmen der Vögel. Er mag Vögel, erklärt er. Und er sagt, dass er viele andere Leute kennt, die ebenfalls Vögel mögen. Denen hat er versprochen, Papageien und Sittiche zu besorgen. Bei uns gibt es doch so viele, meint er. Er hat uns Fotos von den Vögeln gezeigt, die er gerne kaufen möchte.

Ich kenne diese Vögel natürlich und könnte welche für ihn fangen. Das könnte hier jedes Kind.

Aber ich werde es bestimmt nicht tun!

Es stimmt, bei uns gibt es viele Vögel. Anders als im Westen, wo der Wald gerodet wurde und außer Rindern keine Tiere mehr leben. Auch anders als im Norden, wo die Goldgräber den Fluss vergiftet haben, und im Osten, wo es Öl geben soll und die Leute aus ihren Dörfern wegziehen müssen.

„Wir haben Glück", sagen unsere Eltern. „Deswegen müssen wir auf den Wald aufpassen und auf alles, was darin lebt."

Als ich aus dem Haus in die gleißende Sonne trete, sehe

ich, dass mein Freund Arturo mit dem Händler redet. Der Mann in den grünbraunen Tarnhosen hat sich über ihn gebeugt. Arturo weicht ein bisschen zurück, aber der Mann drängt ihm nach.

„Arturo!", rufe ich.

Arturo sieht auf und rennt zu mir herüber.

Ich mustere ihn streng. „Rede nicht mit dem."

„Tu ich ja gar nicht", verteidigt sich Arturo, aber er wirft einen Blick über die Schulter. Der Händler starrt uns beide an. Er hat kalte, helle Augen.

„Wir beschützen unseren Wald", sage ich.

„Weiß ich doch", schnauzt Arturo mich an. „Aber ..." Er

blinzelt. „Es wären ja nur zwei oder drei ganz kleine Papageien." Jetzt redet er leise. „Der Händler bezahlt gut."

Da werde ich wütend. „Es ist verboten, Vögel zu fangen!", rufe ich so laut, dass der Händler es hören kann. Doch sein Gesicht zeigt keine Regung.

„Ich fang ja auch keine", murmelt Arturo. „Es wäre nur für Gabriel."

Ich kriege einen Schreck. Gabriel ist Arturos kleiner Bruder. Er kann nicht richtig laufen, aber Arturos Familie hat kein Geld für den Arzt. Gabriels Bein ist wichtiger als drei kleine Papageien, oder? Wo es im Wald so viele davon gibt.

„Trotzdem", sage ich schnell. „Du darfst keine Vögel fangen. Außerdem haben sie in der Schule gesagt, dass solche Händler die Tiere in andere Länder verschicken, mit dem Schiff oder mit dem Flugzeug. Und fast alle sterben unterwegs."

Arturo nickt. Er sieht mir nicht in die Augen.

„Ich kaufe dir eine Limo", schlage ich vor. Wir rennen zum Laden, der immer nach vergorenen Früchten und Koriander riecht. Don Luis füllt uns grüne Limo in zwei kleine Plastiktüten. Die Tüten zwirbelt er zu und steckt einen Strohhalm durch die Öffnung, sodass wir daraus trinken können. Die Limo ist süß und würzig wie der Wald.

Ein großer blauer Schmetterling taumelt aus Tante Rosas

Garten und flattert um den Händler herum. Der beachtet ihn gar nicht, sondern steckt sich eine dünne Zigarette an. Dann geht er über die staubige Straße in Richtung Bar.

„Ich muss jetzt nach Hause", sagt Arturo. „Hausaufgaben machen."

Das soll ich ihm glauben? Arturo macht keine Hausaufgaben, und wenn doch, dann spät in der Nacht oder morgens im Bus zur Schule.

Ich sehe ihm nach. Was hat er vor? Aus den Augenwinkeln beobachte ich Arturos Hütte.

Und tatsächlich: Nach wenigen Minuten taucht er auf der Veranda wieder auf. Er hat sich seine ausgebleichte blaue Sporttasche umgehängt und trabt in Richtung Wald. Dabei sieht er sich immer wieder kurz um.

Mein Herz klopft laut.

Ich folge ihm so, dass er es nicht bemerkt. Wenn man immer nur im Wald gespielt hat, kann man sich darin sehr leise bewegen. Nach kurzer Zeit kenne ich Arturos Ziel. Es ist der kleine Wasserfall, an dem man baden kann. Dort gibt es viele Papageien. Ich muss unbedingt verhindern, dass Arturo sie fängt und an den Händler verkauft!

Und Gabriel? Der kleine Gabriel mit seinen lachenden Augen und seinem traurigen Hinkebein? Wenn ich verhindere, dass Arturo die Vögel fängt, dann hat die Familie

kein Geld, um den Arzt zu bezahlen. Dann wird Gabriel nie richtig laufen können. Nur wegen mir.

Ich bleibe stehen und schließe einen Moment lang die Augen. Die Geräusche des Waldes werden immer lauter. Der Lärm der Zikaden schwillt an, in der Ferne röhrt ein Brüllaffe, ein Vogel ruft wie eine knarrende Tür und das Rauschen des Wasserfalls ist schon zu hören.

Ich setze mich auf die Wurzel eines Kapokbaums. Vor meinen Füßen transportiert eine Kolonne von Ameisen leuchtend grüne Blattschnipsel ins Unterholz. Ich sehe ihnen zu und beneide sie darum, dass sie alle genau wissen, was sie tun sollen. Sie zögern und überlegen nicht und müssen nicht entscheiden, was richtig ist.

In den Wipfeln tschilpen jetzt Sittiche. Sie sind im Grün des Blattwerks nicht zu sehen, aber ihre Stimmen klingen so fröhlich und sorglos, dass mein Herz ganz schwer wird und ich gegen die Tränen anblinzeln muss.

Es dauert gar nicht lange, bis Arturo wieder auftaucht. Er erschrickt kein bisschen, als er mich da sitzen und auf ihn warten sieht. Nein, er lacht fröhlich und klopft auf seine Tasche. „Ich habe etwas für den Händler", sagt er.

Ich wende den Blick ab und folge Arturo in Richtung Dorf. Noch immer kämpfe ich mit mir. Ich könnte ihm die Tasche wegnehmen und den Vogel befreien! Aber ich tue es nicht.

Als wir das Dorf erreichen, rennt Arturo direkt zur Bar. Ich folge ihm, immer noch schweigend, obwohl ich die Bar nicht leiden kann. Es riecht dort nach Bier und Schnaps und Rauch und verschwitzten Männern.

Der Händler lehnt an der Theke. Als er Arturo sieht, grinst er zufrieden.

Schweigend öffnet Arturo seine Tasche und zieht einen kleinen Pappkarton heraus, in dem es raschelt.

„Braver Junge", knurrt der Händler. Er nimmt den Karton, wiegt ihn in der Hand und runzelt die Stirn.

„Er ist noch klein", sagt Arturo schnell. „Er kann noch nicht fliegen."

Da öffnet der Händler den Karton. Und dann schreit er

laut. Der Karton fällt zu Boden und eine braune, pelzige Vogelspinne, so groß wie eine Männerhand, krabbelt über den schmutzigen Boden davon. Der Händler flucht und blickt sich wild um. Die Männer in der Bar brüllen vor Lachen.

„Kleiner Mistkerl!", schreit der Händler.

Arturo flitzt aus der Tür und ich renne hinter ihm her.

„Gut gemacht!", ruft einer der Männer uns nach.

Gerade steigen zwei junge Leute mit riesigen Rucksäcken aus dem Bus.

„Hallo", sagt die Frau. „Wo kann man denn hier übernachten?"

„Bei Tante Rosa", sagt Arturo. „Ich zeige euch, wo das ist."

Ich gebe mir einen Ruck. „Wir kennen auch einen Wasserfall", erkläre ich. „Nicht weit von hier. Man kann dort schöne Fotos machen."

„Das klingt super", sagt die Frau freundlich. „Es wäre toll, wenn ihr uns den Wald und die Tiere zeigen würdet. Wir bezahlen euch auch dafür."

Arturo grinst mich an. Bestimmt zahlen die jungen Leute nicht so viel wie der Händler. Es wird für eine echte Cola und ein paar Süßigkeiten reichen. Aber die werden wir nicht kaufen. Wir brauchen das Geld ja für Gabriel.

Sven Gerhardt

Das Versprechen der Wale

Eine Geschichte aus dem Pazifischen Ozean

Das Meer ist so groß, dass man meinen könnte, es hätte weder einen Anfang noch ein Ende. Das kommt einem vor allem dann so vor, wenn man sich mitten auf dem Pazifik befindet – oder noch besser: mitten im Pazifik. So wie Blu, der kleine Blauwal.

Nun, so klein ist er gar nicht. Bei seiner Geburt war Blu immerhin schon sieben Meter lang und wog so viel wie ein ausgewachsenes Nashorn. Seine Mutter Balea misst sogar 30 Meter und ist so schwer wie eine Herde Elefanten! Das kann man sich kaum vorstellen und man sollte Balea auch besser nicht darauf ansprechen – sie redet nicht gern über ihr Gewicht.

Umso lieber erzählt sie jedoch Geschichten, und dafür hat

sie auf der langen Reise quer durch den riesigen Ozean, die sie gemeinsam mit Blu unternimmt, auch jede Menge Zeit. Und Blu liebt es, Balea zuzuhören! Vor allem dann, wenn sie ihre Stimme so lustig verstellt und von dem Kugelfisch erzählt, der, wenn er Schluckauf bekommt, vor Schreck immer rund wie ein Ball wird. Oder wenn sie von dem tollpatschigen Oktopus berichtet, der sich beim Jonglieren mit Kieselsteinen immer die Arme verknotet. Manchmal erzählt sie aber auch von spannenden Abenteuern, in denen gefährliche Haie oder riesige Seeschlangen vorkommen.

An einem sonnigen Tag, an dem das Licht in hellen Strahlen wunderschön ins glasklare Wasser scheint, erzählt Balea jedoch eine ganz besondere Geschichte. Die beiden sind unterwegs Richtung Norden, dorthin, wo das Wasser kühler und nahrungsreicher ist.

„Das, was ich dir heute erzähle, ist die wichtigste Geschichte von allen", sagt Balea geheimnisvoll.

Blu ist so aufgeregt, dass er beim Ausatmen an der Wasseroberfläche einen großen Hüpfer macht. Die Sonne kitzelt ihm dabei kurz in den Augen. Vergnügt und gespannt taucht er wieder unter.

„Los, Mama", sagt Blu ungeduldig, „ich will sie hören!"

Balea schaut ihn liebevoll an. Kurz überlegt sie, ob es wirklich schon an der Zeit ist, ihm die wichtigste aller Geschichten zu erzählen. Blu ist doch noch so jung und wild. Es kommt ihr vor, als wäre er gestern erst zur Welt gekommen. Aber so ist es natürlich nicht. Mittlerweile ist er alt genug, um das große Geheimnis der Wale zu erfahren.

Balea bittet Blu, ganz nah an sie heranzuschwimmen und gut zuzuhören. Dann fängt sie an zu erzählen:

„Als Bormor, der erste aller Wale, im Meer erschien, war er überwältigt von dessen Schönheit. Schnell stellte er fest, dass er zwar das größte Tier im ganzen Pazifik war, alle anderen Lebewesen im Wasser aber genauso wichtig und wertvoll waren wie er selbst. Ja, er brauchte sie sogar, um zu überleben. Denn jedes Tier hatte eine Aufgabe und sorgte dafür, dass es dem Meer gut ging und es lebendig blieb.

Und Bormor brauchte das Wasser natürlich auch, es gab ihm Nahrung und er fühlte sich wohl in ihm. Selbst wenn er es gekonnt hätte, an keinem anderen Ort hätte er lieber leben wollen. Aus lauter Dankbarkeit darüber gab er dem Ozean ein Versprechen.

Er versprach, dass er und alle Wale, die nach ihm geboren werden, auf das Meer aufpassen würden. Niemals würde ein Wal sich mehr nehmen, als er selbst zum Leben braucht. Niemals würde ein Wal irgendetwas tun, das dem Meer schadet. Und niemals würden die Wale dieses Versprechen vergessen."

Balea sieht Blu nun tief in die dunklen Augen. „Und dieses Versprechen kannst auch du eines Tages ablegen. So, wie auch ich es schon vor vielen Jahren getan habe."

Blu schaut seine Mutter enttäuscht an. Das war eine eigenartige Geschichte. Sie war gar nicht lustig, wie die Geschichten, die er sonst zu hören bekam. Und sie war auch nicht spannend. Sie klang eher so wie das, was sich Erwachsene erzählen. Ja, eigentlich fand er sie langweilig.

„Hast du die Geschichte verstanden?", fragt Balea.

Blu ist sich nicht sicher und das merkt seine Mutter.

„Denk einfach drüber nach. Du hast noch Zeit, bevor du dich entscheidest, ob auch du dem Meer das Versprechen der Wale geben möchtest."

Blu hat keine Lust nachzudenken. Nicht an so einem schönen, hellen Tag. Er will lieber mit den Sonnenstrahlen fangen spielen oder sich im Tieftauchen üben. Schon bald denkt er gar nicht mehr an die Geschichte vom ersten Wal Bormor.

Er lässt sich ein Stück in die Tiefe sinken und begegnet einem Schwarm Kristallquallen. Die blau leuchtenden Tiere sind wunderschön und Blu schaut ihnen so lange hinterher, bis sie in den Weiten des Ozeans nicht mehr zu sehen sind. Kurz darauf schwimmt ein Blaukopf-Kaiserfisch stolz an ihm vorbei. Sein blaugelber Schuppenkörper sieht wirklich majestätisch aus! Blu ist begeistert und taucht nun noch ein Stück tiefer. Dabei muss er einem Schwarm Sardinen ausweichen, die wie reines Silber glänzen und funkeln. Es sind unglaublich viele und beim Versuch, sie zu zählen, wird es Blu schwindelig. Am Meeresgrund erscheint nun ein Korallenriff, so farbenfroh, dass Blus Herz einen kleinen Hüpfer macht. Ein Riesenrochen gleitet wie ein fliegender Teppich über die bunte Landschaft. Am Rande eines mächtigen Unterwasserberges tummeln sich Schildkröten, umgeben von kleinen, bunt schillernden Fischen.

Der Pazifik, seine Heimat, ist wirklich der schönste Ort, den Blu sich vorstellen kann.

Plötzlich muss er an die Worte seiner Mutter denken. Er spürt nun, dass das Versprechen der Wale mehr ist als nur eine alte Geschichte.

Ein kleiner Seelöwe, der vergnügt Purzelbäume im Wasser schlagt, reißt ihn aus seinen Gedanken.

„He, schau mal, Wal!", ruft er und macht einen doppelten Überschlag. „Toll, oder?"

Kleine Luftblasen wirbeln auf und tanzen lustig um ihn herum.

„Ja, das ist wirklich toll!", antwortet Blu nachdenklich und meint damit nicht nur die Kunststücke des Seelöwen. Das Meer ist toll. Die Tiere sind toll. Einfach alles hier ist super-toll-fantastisch!

Bormor hatte recht, denkt Blu. Niemand darf dem Meer schaden. Es soll immer so schön bleiben, wie es ist.

Eilig taucht er wieder zurück zu Balea, den Sonnenstrahlen entgegen, die sich mit aller Kraft durch die Wasseroberfläche kämpfen.

„Ich will es versprechen", sagt er ein wenig außer Atem und schmiegt sich ganz dicht an seine Mutter. „Ich will das Versprechen der Wale halten. So wie Bormor und so wie du!"

„Das ist sehr gut", sagt Balea und schaut Blu freundlich an. Sie lacht dabei so breit, wie es nur ein riesiger Blauwal kann.

Susanne Weber

Als Opa noch klein war und die Insel groß

Eine Geschichte aus Kiribati/ Ozeanien in Südasien

Mein Opa hat mir erzählt, dass es Kinder gibt, die noch nie im Meer gebadet haben. Und dass es sogar Kinder gibt, die das Meer noch nie gesehen haben. Ich glaube, mein Opa übertreibt manchmal ein bisschen.

Wenn ich morgens aufwache, höre ich als Erstes das Rauschen der Wellen. Und wenn ich abends einschlafe, höre ich es noch immer.

Wir sind umgeben vom Meer. Wie Fische. Nur dass wir unter Wasser leider nicht atmen können. Wir hören das Meer, wir sehen das Meer und wir riechen es. Sogar meine Haut schmeckt nach Salz.

„Hilfst du mir heute beim Fischen?", fragt Opa.

Ich springe begeistert auf. Fischen macht mir mehr Spaß, als die Hütte zu fegen oder Essen zu kochen.

„Ich will mit!", ruft meine kleine Schwester.

„Du hilfst mir", sagt meine Mama lachend.

Opa und ich treten aus unserer Holzhütte. Ich sehe links türkisblaues Wasser und ich sehe rechts türkisblaues Wasser. Dazwischen sind Palmen und viele Hütten, dicht beieinander. Manche stehen auf kurzen Stelzen im Wasser. Die Insel, auf der wir wohnen, ist ganz flach. Und schmal. Sie besteht aus Korallen.

„Früher war die Insel viel breiter", sagt mein Opa. „Und wir hatten viel mehr Platz." Ich kann mir überhaupt nicht

vorstellen, dass mein Opa mal klein gewesen sein soll. Und die Insel groß.

Ich finde es schön hier, so wie es ist. Zumindest meistens.

„Weißt du noch", sage ich zu Opa, „als überall Wasser war und wir aufs Dach klettern mussten?"

Opa nickt.

Wenn es Sturm und hohe Wellen gibt, dann kommt das Wasser nämlich manchmal bis zu unserer Hütte. Einmal stieg das Wasser so hoch, dass wir uns auf unser Dach retten mussten. Alle Familien ringsum saßen auf den Dächern ihrer Hütten. Das sah lustig aus. Wir haben uns zugewinkt und unsere Nachbarn haben uns eine Packung Kekse zugeworfen, als meine kleine Schwester und ich Hunger hatten.

Später, als das Wasser wieder weg war, sah es nicht mehr so lustig aus. Wir mussten ganz viele Sachen wegschmeißen, weil sie kaputtgegangen waren. Überall hingen Decken und Kleidung zum Trocknen. Auch unsere Matratzen waren nass geworden. Wir mussten in Hängematten schlafen, bis sie wieder benutzbar waren. Das fand ich nicht so schlimm, denn ich schlafe gerne in einer Hängematte. Aber wir hatten nicht genug Hängematten für alle und Platz zum Aufhängen auch nicht. Deshalb mussten wir abwechselnd schlafen.

Eine Woche lang hatten wir keinen Strom. Das Wasser war in die Steckdosen gelaufen. Das kann ganz schön gefährlich werden, hat Mama gesagt, aber zum Glück ist niemandem etwas passiert.

Das Wasser aus unserem Brunnen hat sehr lange salzig geschmeckt und ich wollte es nicht trinken. Mama hat gesagt, ich muss trinken, weil ich sonst ganz schlapp und müde werde. Wir hatten aber auch kein anderes, denn in dem kleinen Laden auf unserer Insel waren alle Wasserflaschen ausverkauft. Verrückt, wenn überall Wasser ist, wenn alles davon ganz nass ist, aber man trotzdem keins zum Trinken hat!

Mittlerweile sind Opa und ich am Strand angekommen. Hier stehen Mauern aus Korallenstücken oder Autoreifen, um die Hütten dahinter zu schützen. Mein Opa und die anderen Männer treffen sich immer wieder, um die Mauern auszubessern oder neue zu bauen. Manchmal helfe ich dabei. Wir schlüpfen durch ein freies Stück hindurch und ich fühle den feinen

Sand an meinen Füßen. Unter einer Kokospalme liegt das Kanu von meinem Opa. Ich verbringe viel Zeit mit meinem Opa. Mein Papa ist nur am Wochenende bei uns. Er arbeitet auf einer anderen Insel, wo es mehr Arbeit gibt. Dort fährt er mit einem Motorboot hin. Wenn er zu Hause ist, gehe ich mit ihm fischen und zeige ihm, was ich von Opa gelernt habe. Dann hat Opa mal frei.

„Suchst du Muscheln?", fragt Opa.

Wir benutzen die Muscheln als Köder beim Fischen. Ich nicke und laufe los. Ich suche im flachen Wasser zwischen den Korallen nach Muscheln. Dabei passe ich auf, dass ich mich nicht an den Füßen schneide. Die Korallen können nämlich ganz schön scharfe Kanten haben.

Ah, da ist eine große Muschel und da auch! Und dahinten noch mehr!

Es sind so viele, dass ich sie kaum in meinen beiden Händen tragen kann. Ich bringe sie zum Boot.

„Schau mal, Opa, wie groß die sind", sage ich stolz.

Opa nimmt zwei von ihnen in die Hand. „Oh ja. Versuch doch mal, sie zu knacken."

Er reicht mir ein kurzes Messer. Ich probiere, es zwischen die beiden Hälften der Muschel zu schieben und sie aufzuhebeln.

„Ich schaffe es nicht."

Klick, klack. Bei Opa geht es ganz schnell.

„Bald, wenn deine Hände etwas größer sind, klappt es bei dir auch", ermutigt mich Opa.

Ich nicke und halte ihm eine Tüte hin, in der wir das Muschelfleisch sammeln. Als wir genug haben, lassen wir das Boot ins Wasser und paddeln ein Stück hinaus. Wir hängen die Muschelköder an die Haken unserer Angeln. Und dann warten wir.

Warten finde ich eigentlich schrecklich. Aber wenn ich mit Opa warte, dann erzählt er mir spannende Geschichten von früher.

„Einmal", erzählt Opa, „hatte ich eine so große Stachelmakrele an der Angel, dass mein Vater mich um die Hüfte fassen musste, damit ich nicht ins Wasser gezogen wurde. Meine Mutter, also deine Uroma, hat den Fisch am Abend über dem Feuer gebraten und wir haben alle Nachbarn eingeladen, weil es so viel war. Und die Thunfische, die uns in die Netze gingen, waren noch größer." Er klemmt sich die Angel zwischen die Knie und öffnet seine Arme weit.

„Du übertreibst mal wieder, Opa", sage ich kichernd.

„Nein, es stimmt, jetzt werden die ganzen großen Fische von den schwimmenden Fischfabriken weggefischt." Er hebt sein Kinn und schaut mit bösem Blick in Richtung Horizont. Ich versuche, genauso böse wie mein Opa zu gucken, aber das ist schwer. Wenn Opa lacht, dann lacht sein ganzes Gesicht. Und wenn er böse ist, dann kriegt man richtig Angst vor ihm, ohne dass er irgendwas tut.

Plötzlich zuckt es an meiner Angel. Etwas zieht an der Angelschnur. Etwas Großes.

Ich ziehe an meiner Angel. Und die Angel zieht an mir.

„Opa!", rufe ich. „Halt mich fest!"

Mein Opa lässt seine eigene Angel ins Boot fallen und hält mich an den Hüften fest.

„Hol die Schnur ein!", sagt er sehr bestimmt.

Ich hole die Angelschnur ein und ziehe und ziehe.

Eine riesige Stachelmakrele kommt zum Vorschein. Sie glänzt silbrig im Sonnenlicht.

Opa hilft mir, sie ins Boot zu holen. Ihr großer Mund bewegt sich und sie zappelt, als Opa den Haken löst. Mit einem schnellen Schnitt seines Messers tötet er sie.

„Die ist ja noch größer als meine damals", staunt er.

Diesmal klingt er nicht so, als würde er übertreiben.

Als wir nach Hause kommen, staunen alle.

„Und die hast wirklich du gefangen?", fragt meine Mama.

Sie macht ein Foto von mir mit der riesigen Stachelmakrele. Das schicken wir meinem Papa.

Dann nimmt Mama den Fisch aus und brät ihn über dem Feuer. Oma kocht Reis und meine Schwester und ich laufen zu den Nachbarn, um sie einzuladen.

Immer wieder erzähle ich, wie ich zuerst die großen Muscheln gefunden und dann den Fisch gefangen habe. Opa und ich müssen ganz oft vormachen, wie er mich an den Hüften festgehalten und ich den Fisch aus dem Wasser gezogen habe.

Stolz, müde und satt liege ich später neben meiner kleinen Schwester auf der Matratze.

Während die Erwachsenen noch reden, lecke ich mir über den Arm. Meine Haut schmeckt nach Salz. Wie immer, seit ich denken kann.

Jetzt kann ich mir doch vorstellen, dass mein Opa mal klein war und die Insel groß.

Anke Girod

Schnuppsi und Knurpsi – einfach fisch-tastische Freunde!

Eine Geschichte vom Great Barrier Reef, Australien

Der kleine Clownfisch Schnuppsi seufzte tief. Jetzt saß er hier also gemütlich in seiner neuen Behausung, unten am Meeresgrund. Die kuschelige Seeanemone Walhabia hatte ihn vor drei Tagen hocherfreut aufgenommen. Schnuppsi war jetzt schon ein großer Clownfisch und brauchte seine eigene Anemone. Und besser hätte er es kaum treffen können! Eifrig massierte Walhabia ihm mit ihren langen, weichen Tentakeln den Rücken und beschützte ihn vor großen Fischen. Und Schnuppsi gab ihr dafür auch gerne etwas von seinem Fressen ab.

Aber trotzdem! Die meiste Zeit langweilte er sich ganz furchtbar. Denn was sollte er bloß ohne seinen besten

Freund Knurpsi machen? Knurpsi wohnte nämlich weiterhin am Seepferdchen-Riff in der Nähe der Anemone, in der Schnuppsi zur Welt gekommen war. Und obwohl Knurpsi ein Putzerlippfisch war und immer in der Putzerstation seiner Eltern mithelfen musste, andere Fische zu säubern, waren die beiden sofort beste Freunde geworden.

Leider waren Seeanemonen für seinen Freund Knurpsi richtig giftig – wie für alle anderen Fische außer den Clownfischen auch. Wenn Schnuppsi wenigstens seine eigene Anemone in der *Nähe* der Putzerstation gefunden hätte! So aber wohnte er nun am Tausend-Farben-Riff – und damit weit weg von Knurpsi.

Vielleicht kann ich ihn besuchen?, überlegte Schnuppsi, verwarf den Gedanken aber sofort. Walhabia konnte er nicht auf eine Reise mitnehmen!

Wieder seufzte er. Sie hatten immer so viel lustigen Quatsch zusammen machen können und einfach so wunderbar zusammengepasst! Ein quer gestreifter Fisch und ein Fisch mit Längsstreifen. Wirklich fisch-tastisch! Auch wenn ihre Eltern mit ihren runden Augen

gerollt hatten. Aber das war Schnuppsi und Knurpsi immer vollkommen blubbs-egal gewesen. Und nun das!

Schnuppsi hob kurz den Kopf und blinzelte traurig durch die lilafarbenen Tentakel von Walhabia in seine neue Unterwassergegend. Er sah, dass um ihn herum wunderschöne Korallen in noch selteneren Farben wuchsen als am Seepferdchen-Riff. Und hier war sogar deutlich spannenderer Fischverkehr unterwegs: Bunte und golden schimmernde

Fische in kleinen und großen Schwärmen schwammen fast ununterbrochen vorbei. Einige grüßten Schnuppsi fröhlich. Die eine oder andere Meeresschildkröte hatte ihn auch schon mit weisen, gütigen Augen angesehen und war dann majestätisch langsam vorbeigeschwommen, so als hätte sie alle Zeit der Welt und freute sich über jedes neue Fischgesicht. Außerdem roch es in diesem Korallenriff besonders gut und würzig, weil es hier Schnuppsis Lieblingsplankton in großen Mengen gab.

Und trotzdem! Das Korallenriff lag einfach drei Clownfisch-Tagesreisen von seinem besten Freund entfernt, und deshalb erschien Schnuppsi hier alles dunkler, kälter und öder. Da konnte Walhabia ihn noch so viel massieren, die Farbe seiner Schuppen war schon ganz stumpf geworden. Schnuppsi ließ wieder den Kopf hängen und blubber-seufzte leise. Er hatte nicht einmal mehr Lust, sich das leckere Plankton zu schnappen, das gerade an seiner Nase vorbeitrieb.

Plötzlich musste Schnuppsi heftig husten. Was war denn das auf einmal für ein Sandwirbel? Und wer veranstaltete denn diesen Höllenlärm um ihn herum? An der großen roten Koralle gegenüber kamen mit hektischen Schwimmbewegungen die unterschiedlichsten Fische an. Sie knufften und pufften sich alle gegenseitig, während sie eine unordentliche Reihe bildeten. Offensichtlich wollte jeder der Erste sein. Und diese Reihe führte noch bis weit hinter die Koralle. Es sah so aus, als verberge sich dahinter etwas, wofür es sich wirklich lohnte, sich anzustellen. Schnuppsi hörte mehrere Fischstimmen laut rufen: „Ich war zuerst!"

„Nein, ich stehe hier aber schon viel länger!"

„Du mit deinen komischen Schuppen, das dauert bestimmt ewig, bis die wieder sauber sind!"

„Du bist doch ein Fleischfresser – wehe, du tust mir was! Also bleib da jetzt schön hinter mir!"

„Gemach, gemach!", drang da eine tiefe, beruhigende Stimme hinter der Koralle hervor, die Schnuppsi irgendwie bekannt vorkam. „Hier kommt jeder dran! Wir sind ja zu sechst, also bildet mal sechs Reihen. Mein Sohn übernimmt die Kinderfische – obwohl er sich auch Haie traut."

Schnuppsis kleines Fischherz begann schneller zu schlagen. Er hatte soeben erkannt, wem die Stimme gehörte. Dem großen Putzerlippfisch Blitzo Blanko! Und das war niemand anderes als Knurpsis Papa! Nun hörte er auch Knurpsis Mama Blanka erstaunt ausrufen: „Hier gibt es ja noch mehr Kundschaft als am Seepferdchen-Riff!"

Fassungslos wagte sich Schnuppsi aus seiner Anemone heraus und blickte vorsichtig um die rote Koralle herum. Und tatsächlich! Da schwamm sein Freund Knurpsi und knabberte gerade einem weißen, etwas quadratischen Doktorfisch die überflüssigen Schuppen weg! Seine Eltern samt Mitarbeiter-Fischen hatten offensichtlich ihre „Putzerstation Blitzo Blanko" ans Tausend-Farben-Riff verlegt. Konnte das ein Zufall sein?

Als Knurpsi plötzlich hochsah und Schnuppsi entdeckte, zwinkerte er ihm so verschwörerisch und glücklich zu, dass der Clownfisch augenblicklich verstand: Sie waren wirklich extra seinetwegen hierhergezogen! Einfach fischtastisch!

Zum Spaß reihte sich Schnuppsi in Knurpsis Schlange ein. Und als er endlich an der Reihe war, da knufften und pufften und rangelten die beiden Freunde miteinander, schwammen umher und kicherten und blubberten um die Wette, dass allen Fischen vor Überraschung der Mund offen stehen blieb. Nur

Knurpsis Eltern lachten vergnügt und sahen sich zufrieden an. Jetzt wussten sie, dass der Umzug eine wirklich gute Idee gewesen war.

„Ich bin fischfroh", brummelte Papa Blitzo, „dass wir nun Knurpsis trauriges Gesicht und sein Geseufze nicht mehr aushalten müssen."

Zwei Wochen später stieg wie jedes Jahr das große Frühsommer-Korallenfest. Hunderte von Korallenarten entließen ihre Eier in den Südpazifischen Ozean. Die bunten Koralleneier trieben einem Flockenregen gleich durchs Meer und bildeten ein großes Festmahl für tausende Tierarten in dieser paradiesischen Unterwasserwelt.

Und so saßen Schnuppsi und Knurpsi an diesem Festabend nebeneinander auf einer besonders schön gewellten Muschel in der Nähe von Schnuppsis neuer Anemone – so wie sie beide es sich den ganzen Winter lang gewünscht hatten. Dort teilten sie sich die köstlichen, farbenfrohen Koralleneier mit zwei freundlichen Seepferdchen und zwei winzigen blauen Seesternen, die ebenfalls gerade neu hierhergezogen waren und sich als wahre Meister im Meeres-Witze-Erzählen entpuppten. Vor lauter Lachen, hielten sich Schnuppsi und Knurpsi die Bäuche – den längs- und den quergestreiften. Knurpsis Eltern und die anderen Fische aus der Putzerstation schwammen währenddessen ausgelassen inmitten des bunten Flockenregens um die vielen gemusterten Muscheln auf dem Meeresboden herum und sangen uralte Fischlieder. Dabei blinkten ihre Streifen im Takt. Einige Meeresschildkröten hatten sich zwischen die Korallen und Anemonen gesellt und klatschten mit ihren breiten Flossen dazu. Plötzlich tauchten lila-gelbe Feenbarsche über dem bunten Korallengarten auf, blieben stehen und wirkten wie wunderschöne Lampions für das Fest. Und als sich Schnuppsi mit strahlenden Schuppen noch enger an Knurpsi herandrückte, da wusste er, dass er gerade der glücklichste Fisch auf der ganzen Welt war. Mit seinem besten Freund Knurpsi an der Seite war das Leben einfach so fisch-tastisch, dass es schon fast nicht mehr auszuhalten war. Aber nur fast.

Usch Luhn

Lillja rettet die Rentiere

Eine Geschichte aus der Tundra im Norden Asiens

Heute kocht Mama Ludmilla ein echtes Festmahl. Es gibt Kraftbrühe, Rentiergulasch, Reiskuchen und rohen Fisch, den Vater Anatolij mit Lilljas großem Bruder Alexander im Fluss gefangen hat. Der Fisch ist eine Spezialität, denn der Besuch, den die Familie erwartet, ist jemand ganz Besonderes. Der Schamane kommt mit dem Schlitten zu ihnen, um Lillja und Alexander für das neue Schuljahr zu segnen.

Lillja ist aufgeregt. Nur noch einmal schlafen, dann wird sie endlich ein Schulkind!

„Ein großes Mädchen", sagt Mama. Aber Papa sähe es lieber, wenn Lillja bei der Familie bliebe. Bei Großmutter Jelena und Großvater Artur, der schon so alt ist, dass er kaum noch laufen kann, und bei den Zwillingen Raisa und Jura,

die gerade ihre ersten Schritte machen.
Und natürlich bei den Rentieren. Aber
Mama sagt, dass Lillja unbedingt einen
Schulabschluss braucht, und deshalb
geht sie ab morgen in die Schule in Yar-
Sale. Sie werden mit dem Hubschrauber abgeholt, aber Lillja
hat keine Angst. Schließlich fliegen die Vögel ja auch durch
den Himmel und finden es toll!

Lilljas älterer Bruder Alexander kommt schon in die dritte
Klasse, aber er hat gar keine Lust auf die Schule. Die ganzen
Sommerferien über hat er mit Papa und dem Großvater die
Rentiere gehütet. Alexander kann mit den Rentieren inzwi-
schen fast so gut umgehen wie die Erwachsenen. Großvater
Artur sagt: „Unser Sascha ist ein echter Rentier-Flüsterer."
Denn Alexander kann fühlen, was die Rentiere brauchen und
ob es ihnen gut geht.

Lilljas Vater besitzt zehn eigene Rentiere, auf zwanzig
weitere passt er auf. Für das Hüten bekommt er Lohn von
einem reichen Rentierbesitzer, dem hundert Rentiere gehö-
ren. Die Nenzen, so heißt Lilljas Volk, leben in der Tundra.
Hier wachsen keine Bäume, sondern nur Moose und niedrige
Sträucher, aber auch gesunde Kräuter, aus denen sie köstli-
che Suppen kochen und die auch die Rentiere gerne fressen.
Haben die Tiere eine Stelle leer gefressen, zieht die Familie

mit der Herde weiter. Deswegen wohnt sie, zusammen mit den Hütehunden, in Jurten – Zelten, die sich schnell auf- und abbauen lassen. Sie nennen sie Tschum.

Lillja liebt es, barfuß mit den Hütehunden um die Wette zu laufen. Das stachelige Gras der Tundra pikst ein wenig unter den Fußsohlen, und manchmal tritt Lillja sogar noch auf eine Eisscholle. Selbst im Sommer, denn ganz schmilzt der Schnee hier nie.

Ein Glück, dass es die Rentiere gibt! Von ihnen bekommen die Nenzen Milch und Fleisch. Die Felle werden gegerbt und in der Stadt verkauft. Aus manchen wird aber auch Kleidung geschneidert. Mama hat Lillja einen Fellumhang genäht, an dem warme Handschuhe baumeln. Den Umhang zieht Lillja sogar nachts an, wie einen Pyjama. Im Tschum kann es ganz schön kühl werden, auch wenn darin immer ein Feuer flackert, um die wilden Tiere fernzuhalten. Manchmal schaut nämlich auch ein Polarfuchs auf der Suche nach einem leckeren Happen vorbei oder sogar ein hungriger Bär.

Für das Festessen zieht Lillja aber ihr neues Kleid an. Es ist aus blauem Stoff und hat die gleiche Farbe wie die Augen von Sami. Den Welpen hat Großvater Artur Alexander für das Rentier-Hüten geschenkt. Samis Fell ist weiß wie Schnee. Er ist ständig zu Späßen aufgelegt, und nachts schläft er in Alexanders Armen.

Vorsichtig rührt Lillja den Reis um, damit nichts auf das neue Kleid schwappt. Über dem offenen Feuer brennt der Reis schnell an.

Wie es in der Schule wohl wird? Sie ist so weit weg, dass die Kinder über ein halbes Jahr dort bleiben und gemeinsam in einem Haus wohnen, das *Internat* heißt. Lillja kennt eine der Frauen, die auf die Kinder aufpassen – ihre Tante Ewa, Mamas Schwester. Auch wenn sie ihre übrige Familie sehr lange nicht sehen wird – sie freut sich auf die Schule.

Lillja *will* Lesen und Schreiben lernen!

Nicht nur, weil Großmutter und Großvater es nie gelernt haben – und Mama es sich gerade selbst beibringen muss.

Und das ist sehr schwer, wenn man erst einmal erwachsen ist, sagt sie.

Lillja will lernen, damit sie den Rentieren helfen kann.

Immer mehr große Firmen bohren in der Tundra nach Erdöl und Gas. Aus den Schornsteinen kommt stinkender Rauch, der auf das Eis sinkt und dort verkrustet. Dann schaffen es die Rentiere nicht mehr, den Boden mit ihren Hufen aufzukratzen und genügend Futter zu finden – viele verhungern. Lillja hat große Angst, dass die Rentiere irgendwann ganz aussterben. Sie muss die Rentiere retten, das hat sie sich fest vorgenommen!

So in Gedanken versunken ist sie, dass sie ganz vergessen hat, den Reis ordentlich zu rühren. Oje, nun ist er angebrannt. Schnell gießt sie neues Wasser mit der Schöpfkelle dazu. Hoffentlich merkt Mama nichts.

Sie rührt so heftig, dass es nun doch schwappt.

Plötzlich kommt von draußen lautes Geschrei. „Alexander! Wo ist Alexander?", hört sie den Großvater schimpfen. „Der Junge ist mit meinem Schlitten durchgebrannt!"

Lillja läuft aus dem Tschum. „Was ist passiert?", ruft sie aufgeregt.

„Auf und davon ist der Teufelsbraten!", ruft der Großvater. „Den Hund hat er mitgenommen, und meinen Räucherfisch hat er sich auch geschnappt."

Lillja guckt erschrocken. „Aber warum denn?"

Der Großvater stützt sich auf Lilljas Schulter. „Weil er keine Lust auf die Schule hat. Weggelaufen ist er." Er lächelt grimmig. „Lasst den Jungen doch zu Hause. Er kann so gut mit den Rentieren umgehen. Was soll er in der Stadt?", ruft er Lilljas Eltern entgegen, die angerannt kommen. Der Vater ist wütend auf Sascha. Wie soll er das dem Heiler erklären?

Da fährt der Schamane auch schon auf seinem Schlitten heran. Aber wen hat er im Schlepptau?

„Da ist ja Sascha!", ruft Lillja und kichert. Ganz schuldbewusst sieht ihr großer Bruder aus.

„Wir sprechen uns später, Sohn", sagt Anatolij finster. „Jetzt wird erst einmal der Schamane begrüßt."

Der Heiler lobt Lilljas hübsches Kleid und segnet das Essen, auch den angebrannten Reis, den Mama vom Feuer gerettet hat.

Der rohe Fisch schmeckt Lillja nicht besonders, aber von der Kraftbrühe trinkt sie sogar zwei Schalen.

„Freust du dich auf die Schule, Lillja?", fragt der Schamane.

Lillja nickt schüchtern. Sie hat das Gefühl, der Schamane kann ihr bis in ihr Herz schauen.

„Und du, Alexander?"

Alexander schüttelt bockig den Kopf. „Ich will bei Groß-vater bleiben, bei meinem kleinen Sami und den Tieren. Schule ist blöd."

Anatolji ist sprachlos. Sein frecher Sohn widerspricht dem Schamanen! Der Reiskuchen ist gestrichen, er schickt Alex-ander verärgert auf sein Nachtlager.

Der Schamane betet mit der Familie für die Kinder und die Tiere. Auch die Leute von der Gasstation schließt er in seine Gebete ein und bittet dafür, dass sie Vernunft finden und weniger Dreck in die Luft pusten. Als er wegfährt, legen sich alle schlafen.

Mitten in der Nacht wacht Lillja auf. Alexander schleicht sich leise aus dem Tschum, seinen Hund trägt er im Arm. Lillja folgt ihrem Bruder leise.

„Geh wieder schlafen", schickt er sie weg. „Sami und ich hauen ab."

Lillja fängt an zu weinen und hält Alexander fest. „Bitte, bleib hier, Sascha", schluchzt sie. „Du musst in die Schule gehen und ganz viel lernen."

Alexander schüttelt den Kopf. „Wozu denn?", mault er. „Bei den Rentieren werde ich mehr gebraucht."

Lillja wischt mit der Hand über ihr nasses Gesicht. „Wir müssen beide in die Schule gehen, um die Rentiere zu retten, Sascha, bitte, du musst mir dabei helfen!"

Alexander zögert. „Hmm", murmelt er. „Meinst du, wir kriegen das hin? Wir sind doch nur Kinder."

Lillja nickt eifrig. „Na klar. Bald sind wir doch groß." Sie zieht ihren Bruder zurück in den Tschum. Sie kuscheln sich gemeinsam unter die Felldecke und halten Sami fest. Jeder eine Pfote.

Schön, dass ich einen großen Bruder habe, denkt Lillja froh. Gemeinsam schaffen wir es, die Rentiere zu retten.

Gesa Schwartz

Der König der Wüste

Eine Geschichte aus der Namibwüste in Afrika

„Aus dem Weg, Winzling!"

Der kleine Gecko Konstantin taumelte zur Seite. Unsanft drängten Hektor, Johanna und Wilbert, die größten Geckos weit und breit, ihn von der Startlinie weg. Natürlich waren auch sie zum Mondscheinrennen gekommen, dem berühmten Wettrennen durch die Wüste Namib im Südwesten Afrikas.

Wer es für sich entschied, durfte sich als König oder Königin der Wüste bezeichnen.

Dieses Jahr war die Klasse der kleinsten Tiere an der Reihe. Die großen waren die Zuschauer: Wüstenelefanten, Hyänen und Wildpferde, Strauße, Stachelschweine, Schakale und Antilopen. Sie redeten aufgeregt in vielen Sprachen durcheinander.

„Du hast keine Chance!", rief Hektor Konstantin zu.

„Nein!" Wilbert lachte. „Du bist ja gerade mal so groß wie mein Zeh! Du Kleinster der Kleinen!"

Konstantin wäre ihnen am liebsten an den Hals gesprungen. Aber erstens traute er sich das nicht. Und zweitens war er ein friedlicher Gecko. Seufzend suchte er sich einen neuen Startplatz in der dritten Reihe. Jetzt wünschte er sich noch mehr, das Rennen zu gewinnen. Auch wenn die zwei recht hatten. Er war wirklich der Allerkleinste weit und breit.

„Mach dir nichts draus", sagte jemand hinter ihm. „Wenn Hektor deine Größe hätte, wäre er nie im Leben hier angetreten. Dazu fehlt ihm der Mumm. Du bist nicht nur klein. Du bist auch stark – ganz tief in dir drin. Vergiss das nicht."

Es war Hugo, der das gesagt hatte. Er war ein Chamäleon und Konstantins bester Freund. Je nach Umgebung und Stimmung wechselte er die Farbe. Er wurde hellgelb, wenn er fröhlich war, und pechschwarz, wenn er sich ärgerte. Jetzt sah er aus wie der Nachthimmel, über den vereinzelt zerfetzte Wolken flogen: dunkelblau.

„Ich werde es ihnen zeigen", murmelte Konstantin und blickte zum Berg hinauf. Er wurde rundum von einer Sanddüne umschlossen, nur der steinerne Gipfel mit seinen hohen Felsen ragte heraus. Sie sahen aus wie Hugos Rückenkamm.

„Die Wegstrecke ist gar nicht so schwer: Die Düne hoch.

Über den Berggipfel. Die Düne wieder runter. Bis zu den Sandsteinen. Das sollte ich doch hinkriegen, oder nicht?"

„Du kannst alles schaffen, wenn du nur willst", sagte Hugo. „Oh, sieh nur. Es geht los!"

Florentine Federschön stolzierte auf ihren langen Straußenbeinen an ihnen vorbei. Im Schnabel hielt sie das getrocknete Blattende einer Welwitschie: einer jahrhundertealten Pflanze, die nur in der Wüste Namib wuchs. Damit würde Florentine gleich das Startsignal geben. Sie schaute vielsagend in die Runde. Alle Läufer machten sich für den Start bereit. Die meisten waren Rennmäuse, aber auch andere Tiere nahmen teil: Zwei Reihen vor Konstantin und Hugo gingen Hektor, Johanna und Wilbert, eine Eidechse namens Sophia und die Zwergpuffotter Melinda in Position. Konstantin ließ Florentine nicht aus den Augen. Sie zuckte – und ließ das Blatt fallen.

Sofort jagten alle die Düne hinauf, so schnell sie konnten. Hohe Steintürme markierten die Strecke, mühevoll von den Elefanten aufgeschichtet. Die Zuschauer am

Rand feuerten die Läufer lautstark an. Konstantin hörte vor allem die Hyänen. Über ihm flogen aufgeregte Webervögel.

Aber er ließ sich nicht ablenken. Er schwamm bergauf durch den Sand, wie er es wieder und wieder geübt hatte. Seine Häute zwischen den Zehen waren ihm dabei eine große Hilfe. Und trotzdem waren die anderen schneller.

„Lahme Schnecke!", schrie Hektor ihm zu. Bald waren er und die übrigen Läufer Konstantin weit voraus.

Der kleine Gecko fixierte den Gipfel. Er würde nicht aufgeben. Nie. Im. Leben. Immer schneller jagte er dahin.

Hektor und die anderen eilten den Berg bereits hinauf. Mit einer Drehung seines Schwanzes stieß sich Konstantin ab und sprang in hohem Bogen durch die Luft. Das war sein Spezialtrick, den er extra geübt hatte! Schon landete er am Hang des Berges und kletterte rasch aufwärts. Der Mond schien ihm ins Gesicht, als er den Gipfel erreichte. Jetzt waren die anderen gar nicht mehr so weit entfernt. Ein unbeschreibliches Glücksgefühl durchströmte ihn. Die erste Etappe hatte er geschafft!

Er kämpfte sich gerade an den Felsen vorbei, als er eine Ladung Sand ins Gesicht bekam. Dichte Wolken hatten sich vor den Mond geschoben – ein Sandsturm fegte über den Berg! Etliche Läufer und Zuschauer versteckten sich in Gesteinsspalten. Aber Konstantin lief mit Hugo und

Sophia im Schutz der Felsen weiter, dicht hinter Melinda und den drei Geckos. Plötzlich schrie Hugo auf. Ein Knirschen erfüllte die Luft. Konstantin sah noch, wie der Sturm an den Steinen der Wegmarkierung rüttelte, die über ihnen auf einem Felsen stand. Panisch sprang Sophia auf eine dunkle Spalte im Gestein zu. Die anderen folgten ihr, und das keinen Moment zu früh. Schon stürzten die Steine geradewegs auf die Gruppe zu. Konstantin sprang in die Nische hinein und stieß gegen Hugo. Gleich darauf purzelten sie alle durcheinander! Wie von Ferne hörte er das Donnern der aufschlagenden Steine.

Konstantin landete auf dem Rücken und rappelte sich hoch. Um ihn herum war es stockfinster. Normalerweise konnte er mit seinen großen Augen gut im Dunkeln sehen, aber jetzt brauchte er eine Weile, um die anderen zu erkennen. Sie kauerten dicht beieinander in der Felsnische. Direkt vor ihnen hatten die schweren Steine den Eingang verschlossen!

„Geht es euch gut?", fragte Hugo in die Stille, denn vom heulenden Sturm war in der Nische kaum noch etwas zu hören.

„Ja", zischelte Melinda. „Was ist denn nur passsssiert?"

Sophia sah sich um. „Wir wurden verschüttet."

„Wer weiß, wie lang der Sturm anhält", wimmerte Johanna. „Wenn uns keiner findet, dann …" Sie sprach nicht weiter, aber alle wussten, was sie sagen wollte.

„Es gibt keinen Ausweg."
Hektor zitterte.

Noch nie hatte Konstantin ihn so ängstlich erlebt.
Seltsamerweise fühlte er selbst keine Furcht. Er schaute auf einen schmalen Spalt zwischen zwei Steinen, den einzigen, den es gab.

„Doch", sagte er entschlossen. „Für mich schon. Ich bin klein genug, um da durchzukrabbeln. Ich werde Hilfe holen."

Die anderen blickten ihn so verdutzt an, als sähen sie ihn zum ersten Mal. Nur Hugo war nicht besonders überrascht.

„Sei vorsichtig", sagte er. „Ich glaube an dich, Kleiner."

Konstantin holte tief Luft. Dann quetschte er sich durch den Spalt. Er hatte gehofft, dahinter im Freien zu sein. Aber es erwarteten ihn nur weitere Steine! Er zwängte sich durch die Lücken, ächzte und stöhnte – und steckte auf einmal fest! Verzweifelt ruderte er mit den Beinen. Jetzt war sie doch da: die Angst. Konstantin fühlte sich so winzig wie noch nie. Was hatte er sich nur gedacht? Er und Hilfe holen! Um das zu tun, reichte es nicht, nur klein zu sein.

Du bist nicht nur klein, erinnerte er sich da an Hugos Worte. Du bist auch stark – ganz tief in dir drin. Vergiss das nicht.

Entschlossen stemmte Konstantin sich gegen den Stein, und PLOPP – schoss er hinaus in die Wüste. Schleier aus Sand schlugen ihm entgegen, andere Läufer oder Zuschauer konnte er nicht entdecken. Der Sturm zerrte an ihm, aber er kämpfte sich voran, die Düne hinab bis zu den Sandsteinen. Endlich sah er den Umriss von Odysseus, dem Spitzmaulnashorn, das bei jedem Rennen am Ziel auf die Sieger wartete. Um ihn herum standen dicht gedrängt einige Gazellen und Straußenvögel. Sie waren sichtlich erleichtert, Konstantin zu sehen, und liefen ihm aufgeregt entgegen. Konstantin eilte auf sie zu. Etwas wickelte sich um seinen Hals, aber er achtete nicht darauf.

„Hilfe!", rief er. „Wir sind verschüttet worden! Die anderen stecken in einer Nische auf dem Berg fest!"

Odysseus zögerte nicht. Mit donnernden Hufen jagte er die Düne hinauf. Konstantin hielt sich am Bein eines Straußenvogels fest. Er wurde hin und her geschleudert, ehe sie am Steinhaufen ankamen, unter dem die Verschütteten festsaßen.

„Hier drunter sind sie!", rief Konstantin.

Vorsichtig schob Odysseus die Steine beiseite. Konstantin juchzte vor Freude, als Hugo hinter ihnen auftauchte. Auch Hektor und die anderen kletterten ins Freie.

„Was für ein Rennen", grollte Odysseus.

Der Sturm ließ mit einem Mal nach, als hätte seine Stimme es ihm befohlen.

„Ja", sagte Hektor. „So was habe ich noch nie erlebt."

Nach und nach kamen die anderen Läufer und einige Zuschauer aus ihren Verstecken, noch ganz verschreckt vom Sturm.

„Soll das Rennen wiederholt werden?", fragte ein Straußenvogel. „Immerhin gibt es ja keinen Sieger."

„Doch", sagte Hektor. Er sah Konstantin an. Aber erst, als sich auch die anderen zu ihm umdrehten, merkte Konstantin, was sich im Sturm um seinen Hals gewickelt hatte: das Zielband des Rennens. Er war tatsächlich als Erster durchs Ziel gelaufen!

„Konstantin hat gewonnen", sagte auch Wilbert. „Und er hat uns gerettet. Wenn jemand den Titel verdient, dann er."

Alle neigten zustimmend die Köpfe. Eine Antilope trat näher und legte eine Krone aus Dünengras vor Odysseus auf den Boden. Er hob sie mit seinem Horn hoch und setzte sie Konstantin auf. „Konstantin", sagte er feierlich. „Der größte Wüstenkönig aller Zeiten!"

Alle Tiere brachen in Jubel aus. Hugo strahlte vor Freude fast so hell wie der Mond über ihnen. Und Konstantin wusste, dass er diese Nacht niemals vergessen würde: die Nacht, in der er zum König geworden war – dem größten kleinen König, den die Wüste je gesehen hatte.

Nina Blazon

Drei Kätzchen für Gattarina

Eine Geschichte aus Venedig, Italien in Europa

„Können wir heute nicht einfach direkt nach Hause gehen?",
fragte Nico nach der Schule genervt. „Du warst doch schon
gestern auf dem Markusplatz."

„Ich will die Karnevalskostüme anschauen", beharrte Sina.

Ihr älterer Bruder verdrehte genervt die Augen, aber sein
Freund Leone lachte und sagte: „Ich komme gerne mit."

Sina strahlte ihn an. Leone war immer freundlich und mit
seiner ruhigen Art ganz anders als ihr ungeduldiger Bruder.

Der Weg führte über Brücken und an Kanälen entlang. Im
grünen Wasser der Lagune spiegelten sich die Paläste mit
ihren prächtigen Spitzbogenfenstern. In Sinas Stadt gab es
keine asphaltierten Straßen und keine Autos. Nur Boote, die
auf Wasserstraßen fuhren, und Häuser, die auf Fundamen-

ten aus Holzstämmen im Wasser standen und viele Jahrhunderte alt waren. Wenn die schwarzen Gondeln oder moderne Motorboote durch die Kanäle fuhren, schwappten Wellen direkt gegen die Hausfassaden. Sina liebte das Wasser, die Brücken und die geflügelten Steinlöwen, die an vielen Gebäuden prangten. Sie liebte die Tauben, die auf den Plätzen gurrten. Und auch die vielen Katzen, die in der Stadt herumschlichen.

Am meisten aber liebte sie den Karneval, der Venedig für drei Wochen in ein Märchenland verwandelte. In dieser Zeit schlenderten Prinzessinnen und Blumenfeen durch die Straßen. Prinzen, Harlekine und Edelleute in Kostümen aus längst vergangenen Jahrhunderten tranken am Markusplatz Kaffee neben Touristen, die sofort ihre Kameras zückten. Und alle Verkleideten trugen Masken.

„Ich möchte auch so ein prächtiges Kleid haben", sagte Sina und bewunderte eine Dame, die eine lange, mit Perlen bestickte Schleppe trug.

„Wieso verkleidest du dich nicht als Gattarina?", neckte Nico sie. „Dafür brauchst du nur einen alten Mantel und eine große Einkaufstasche."

Er deutete in die Menge, die sich vor dem alten Dogenpalast* drängte. Dort ging gerade eine kleine Frau vorbei. Sie hatte weißes Haar und trug einen violetten Mantel. Ihre riesige Tasche war sicher wieder mit Resten aus den Restaurantküchen gefüllt, mit denen sie streunende Katzen fütterte. Daher nannte sie niemand in der Stadt Catarina,

wie sie eigentlich hieß, sondern *Gattarina* – weil „gatto" das italienische Wort für Katze war. Leone winkte ihr zu und die alte Dame lächelte, winkte zurück und eilte weiter.

Sina wandte sich wieder den Maskierten zu – und stieß ein andächtiges „Oh!" aus. Nicht weit von ihr entfernt stand eine zierliche Frau in einem Kleid aus weißer Seide und Spitze. Auch ihre Handschuhe waren weiß. Über dem Kleid trug sie einen Samtumhang in leuchtendem Rotbraun. Aber das Schönste war ihre Maske. Es war ein freundliches Katzengesicht. Die linke Hälfte war schwarz, die rechte weiß und auf

---

* Das wird „Dooschenpalast" ausgesprochen. Als Venedig vor langer Zeit noch eine mächtige Republik war, saßen in diesem prächtigen Palast das Staatsoberhaupt (der „Doge") und seine Regierung.

der weißen Seite hatte sie einen verspielten braunen Tupfen. Sina erinnerte sich daran, dass Katzen, die drei Farben in ihrem Fell hatten, Glück brachten.

„Schaut mal!", rief sie den Jungs zu. „Die Frau hat sich als Glückskatze verkleidet."

In diesem Moment hob die Frau die weiße Hand und winkte Sina, ihr zu folgen. Dann eilte sie mit rauschenden Röcken davon.

„Sie will uns wohl etwas zeigen", vermutete Nico.

Sina rief: „Ihr nach!", und rannte los.

Die Glückskatzenfrau führte sie vom Markusplatz weg in immer schmalere Straßen, bis sie schließlich, weitab vom Trubel, in eine menschenleere Gasse abbogen. Hier hörte man nur noch die Echos von Schwalbenschreien und das leise Gluckern und Plätschern von Wasser.

Die Frau stand auf einer steinernen Bogenbrücke und deutete auf einen *Palazzo* direkt am Wasser. Das Haus war rot gestrichen und hatte alte Bogenfenster. Man sah, dass hier schon lange niemand mehr wohnte. Die rote Farbe war abgeblättert, die Scheiben der Fenster waren zersplittert und das Kanalwasser schwappte durch Löcher im Gemäuer ins Innere des Hauses. Als Sina zu der Maskierten auf die gewölbte Brücke trat und dorthin spähte, wohin die Fremde zeigte, entdeckte sie auf der Höhe des ersten Stockwerks einen halb zerfallenen Balkon, der etwa drei Meter direkt über dem gluckernden Kanalwasser hing. Und auf dem Balkon bewegte sich etwas Kleines, Weißes und stieß leise, jämmerliche Laute aus.

„Ein Kätzchen?", fragte Sina. Die Maskierte schwieg und deutete nur wieder mahnend zum Balkon. Und endlich verstand Sina. „Es hat seine Mutter verloren, nicht wahr? Und du hast uns hergebracht, damit wir es retten?" Nun nickte die Frau und verschränkte die Hände, als würde sie warten.

Sina, Nico und Leone rannten von der Brücke in eine enge Gasse zur Rückseite des alten Gebäudes. Ein ganzes Stück

über ihren Köpfen lag ein Fenster, das keine Holzläden mehr hatte. Nico, der gut klettern konnte, hangelte sich geschickt an der schartigen Mauer hoch und blickte durch die leere Fensteröffnung.

„Der Treppe da drin fehlen ein paar Stufen!", rief er hinunter. „Leone, komm mit und hilf mir, du musst eine Räuberleiter machen, damit ich in das nächste Stockwerk klettern kann."

„Aber seid bloß vorsichtig!", bat Sina. Leone lächelte ihr beruhigend zu und folgte ihrem Bruder. Sehen konnte Sina die beiden nicht, aber sie hörte, wie sie sich im Inneren des Hauses etwas zuriefen. Dann prasselte und polterte es plötzlich, als würden sich kleine Steine und Geröll aus dem Mauerwerk lösen.

„Ist etwas passiert?", rief Sina mit banger Stimme. Aber da erschien Leone schon am Fenster. Ganz vorsichtig kletterte er zur Straße und holte etwas unter seiner Jacke hervor. Es war ein winziges weißes Fellbündel, das er Sina reichte. Das Kätzchen zitterte in ihren Händen. Und als Sina es vorsichtig in ihren warmen Schal bettete, spürte sie unter ihren Fingerspitzen das kleine Katzenherz wild schlagen.

„Keine Angst", sagte sie sanft. „Jetzt bist du in Sicherheit."

„Hier oben ist noch eines", hörte sie Nico rufen. Kurz darauf hielt Sina schon zwei Fellbällchen, ein weißes und ein karamellfarbenes. Nico fand noch ein schwarzes Kätzchen. Schließlich kletterten die Jungen wieder nach draußen und klopften sich Steinbröckchen und Staub von den Händen.

„Es war höchste Zeit, dass jemand sie rettet", stellte Nico fest. „Sie sind schon ganz abgemagert."

„Und so klein, dass ihre Augen noch geschlossen sind", flüsterte Sina. Die Kinder gingen um den Palazzo herum und zur Bogenbrücke zurück. „Danke, dass du uns hergeführt hast …", begann Sina. Doch sie verstummte mitten im Satz, denn die geheimnisvolle Glückskatzenfrau war verschwunden.

Gattarina hob verwundert die Brauen, als sie die Tür aufmachte und drei besorgte Kinder auf der Schwelle stehen sah. Aber als Sina ihre Jacke öffnete und ihr das Schalnest mit den drei winzigen Fellnasen zeigte, strahlte die alte Dame über das ganze Gesicht.

Kurz darauf saßen sie alle zusammen in Gattarinas Hinterhof, der einem verwunschenen Garten glich. Palmen wuchsen in großen Töpfen und an den Mauern rankten Rosen. Und Sina staunte, dass der Garten voller Katzen war. Sie saßen auf steinernen Bänkchen, räkelten sich auf der Mauer und schnurrten um Gattarina herum, während sie die Kätzchen in ihrem Schoß hielt und ihnen Milch in die Schnäuzchen träufelte. „Wie mutig von euch, ins Haus zu klettern und die Kleinen zu retten", wandte Gattarina sich an Nico und Leone. Beide erröteten, aber Nico winkte betont lässig ab. „Hätte doch jeder gemacht."

„Und ohne Sina hätten wir sie nicht entdeckt", setzte Leone hinzu.

„Aber ohne die Glückskatzenfrau hätten wir sie gar nicht erst gefunden", wandte Sina ein. „Schade, dass wir nicht wissen, wer sie war."

„Möglicherweise", sagte Gattarina bedächtig, „seid ihr ja der *Paladina dei gattini* begegnet?"

„Der *Beschützerin der Kätzchen?*", fragte Leone. „Wer soll das denn sein?"

„Eine gute Fee", antwortete Gattarina. „Manche sagen, sie wacht über die wilden Katzen Venedigs. Sie taucht auf, wo sie gebraucht wird – und verschwindet ebenso schnell wieder."

Sina riss die Augen auf. „Glaubst du, diese *Paladina* gibt es wirklich?", hauchte sie.

„Wer weiß?", erwiderte Gattarina. „Unser Venedig ist seit jeher eine besondere Stadt mit einem ganz eigenen Zauber. Hier ist vieles möglich." Sie blickte kurz zur Mauer und lächelte geheimnisvoll. Und als Sina ihrem Blick folgte, machte ihr Herz einen Satz. Auf der Mauer saß eine zierliche Katze, die ihr bisher noch nicht aufgefallen war. Sie leckte sich gerade eine schneeweiße Pfote. Ihr Gesicht war halb schwarz, halb weiß und unter dem rechten Auge hatte sie einen lustigen braunen Tupfen. Als sie bemerkte, dass Sina sie beobachtete, sprang sie von der Mauer und verschwand in den schmalen Gassen Venedigs.

Katja Ludwig

Wolfsland

Eine Geschichte aus Deutschland

„Bist du sicher, dass du den Weg zu Opa Wolfgang findest?"

„Ja, Mama", sagte Lukas. Er fuhr seit der zweiten Klasse allein mit der Straßenbahn zur Schule. Zu Opa war es auch nicht viel weiter.

Er stopfte seinen geliebten Plüschwolf Hundi, der immer neben ihm auf dem Kissen schlief, in den Rucksack. Lukas wusste, dass Hundi ein ziemlich dummer Name für einen Wolf war, aber er hatte ihn so genannt, als er noch ganz klein gewesen war. Ihn einfach so umzunennen ging nicht mehr. Wie sein schon ziemlich abgenutztes Fell war auch sein Name ein Teil von ihm. Er hatte ihn von Opa zur Geburt geschenkt bekommen.

Lukas' Eltern wollten heute beim Wohnungsumbau von Kathi und Ole helfen. Tante Kathi würde bald ein Kind bekommen. Und er dann eine Cousine. Lieber wäre ihm zwar ein Hund, oder eigentlich – das erzählte Lukas aber keinem – ein zahmer Wolf.

„Also, bis dann!", sagte er und schnappte sich seinen Rucksack.

Seine Eltern umarmten ihn, als würde er auf eine Weltreise gehen und monatelang verschollen bleiben.

„Es ist kalt draußen", sagte Mama und stülpte ihm seine rote Pudelmütze über. „Du gehst bitte direkt zu Opa und weichst nicht vom Weg ab. Er soll eine SMS schicken, wenn du da bist!"

Lukas stürmte aus dem Haus. Mit der Tram Richtung Schule. Drei Stationen später aussteigen. Eins und zwei und nächste raus.

Aus einem Bäckerladen duftete es verführerisch. Er blieb stehen. *Neueröffnung* stand an der Scheibe. *Nur heute: Zwei Berliner Pfannkuchen für den Preis von einem.*

Opa liebt Pfannkuchen, dachte er. Und es dauert bestimmt nicht lange.

Lukas stellte sich an. Sein Blick fiel auf einen Stapel Tageszeitungen. ER IST WIEDER DA!, stand da in riesigen roten Buchstaben. *Gemetzel in Schafsherde. Sind wir im deutschen Wald noch sicher?* Darunter ein Bild von einem Tier, dem Hundi mal sehr ähnlich gesehen hatte: ein Wolf.

„Pflaumenmus oder Vierfrucht?", riss ihn eine Stimme aus seinen Gedanken. „Na, Süßer, was willste?"

„Zweimal Pflaume", sagte Lukas.

„Nimm doch gleich vier, heute kriegste doppelt so viel für dein Geld!", raunte die Verkäuferin ihm zu. Als sie sich über den Tresen beugte, funkelten ihre Augen hinter ihrer Brille. Sie hatte einen Damenbart und trug eine Rüschenschürze, die ihr zwei Nummern zu klein war.

„Ich könnte dir auch einen mit Eierlikör anbieten", flüsterte sie ihm zu. „Opas und Omas mögen so was besonders gerne."

Lukas schüttelte den Kopf. Woher wusste sie, dass er zu Opa wollte? „Zweimal Pflaume", wiederholte er mit zitternder Stimme.

Sie reichte ihm die Tüte. „Hübsche Mütze, schöne Farbe", sagte sie. „Selbst gestrickt?"

Er warf den Euro auf den Tresen und rannte aus dem Bäckerladen. Schnell um die Ecke, dann war er da.

„Mensch, Junge, wo bleibste denn?", begrüßte ihn sein Opa. „Deine Mutter hat schon zweimal angerufen. Das Baby kommt!"

„Jetzt schon? Aber sie haben das Zimmer doch noch nicht fertig!", meinte Lukas. Dann hielt er Opa die Bäckertüte hin. „Pfannkuchen!"

„Super, nehmen wir mit, für unterwegs. Wir müssen nämlich die Wiege holen. Die, in der du auch als Baby gelegen hast. Aus 'm Garten."

Garten, das war das alte Haus von Opa, weit draußen auf dem Lande. Nachdem Lukas' Oma gestorben war, war Opa in die Stadt gezogen. Sein Haus wurde ein Ferienhaus. Lukas war auch schon öfter dort gewesen. Im Sommer. Aber jetzt war Herbst, grau und düster.

Lukas durfte im Auto vorne sitzen, denn Opa hatte sich extra eine Sitzerhöhung von den Nachbarn geliehen. Hundi steckte Lukas sich vorne in die Jacke. „Mein Extra-Airbag", sagte er. Aber eigentlich wollte er nur, dass auch Hundi rausgucken konnte.

Nach dem Autobahnring kam der endlose Wald. Dicke Tropfen platschten gegen die Scheiben. Lukas dachte an die Wölfe, die wieder da draußen sein sollten. Er kuschelte sich in seine Jacke und spürte Hundis weiches Fell.

Opas Telefon bingte. „Eine SMS von deiner Mama. Lies mal vor."

„Dein zweites Enkelkind ist da, Lukas' kleine Cousine Ruby!"

Opa schaltete die Scheibenwischer auf Turbo und rief: „Willkommen im Land des Regens, Ruby!"

Und der Wölfe, dachte Lukas. Mittlerweile waren sie das einzige Auto weit und breit. „Ist es noch weit?", fragte er.

„Gleich da." Opa verlangsamte die Fahrt. Kies knirschte unter den Rädern. Das Licht der Scheinwerfer traf ein altes graues Häuschen, das plötzlich in der Dunkelheit vor ihnen auftauchte.

Sie stiegen aus und Opa fummelte den Schlüssel unter einem der Blumentöpfe hervor, die auf der Fensterbank standen. Die Eingangstür knarrte. Alles sah noch genauso aus, wie Lukas es in Erinnerung hatte. Und doch war alles anders. Still und kalt.

„Wir werden uns erst mal ein Feuerchen machen", sagte Opa. „Und dann stoßen wir auf deine Cousine an!"

In der Küche gab es noch einen Herd von früher. Trockenes Holz lag daneben, und wenig später knisterte ein ordentliches Feuer darin. Opa kochte Wasserkakao.

„Milch ist alle, aber Zucker ist noch da." Sie stießen auf Ruby an. Mit Wasserkakao und Pfannkuchen, schmeckte super.

„So. Wir zwei müssen jetzt aber noch hoch auf den Boden, die Wiege holen."

Sie stiegen die Treppe hinauf. Die Bodentür war verzogen und klemmte. Es roch nach Mäusen.

„Hier irgendwo muss sie sein." Opa zog ein paar alte Bettlaken zur Seite. „Ha!", rief er zufrieden, als er die schnörkelige alte Wiege sah. „Ordnung ist alles. Aber wo ist die Matratze?"

„Hier vielleicht?" Lukas zeigte auf eine Truhe. Quietschend öffnete er sie und schrie auf. Drinnen lag etwas Graues, Felliges.

Opa trat zu ihm. „Ach herrje", sagte er und griff hinein. Staub tanzte im funzeligen Dachbodenlicht.

„Was ist das?", japste Lukas.

Opa hustete. „Das ist der Wolfspelzmantel deines Ur-Ur-Urgroßvaters."

„Von einem echten Wolf?"

Opa nickte. „Vielleicht von einem der letzten Wölfe in Deutschland. Ein paar Jahre später hatte man es geschafft, sie hier auszurotten."

„Aber jetzt sind sie wieder da!", rief Lukas. „Das stand heute in der Zeitung. Sie haben eine Schafherde totgebissen."

„Hmmh", machte Opa und kramte weiter nach der Matratze.

Lukas ließ seine Hand über den staubigen grauen Pelz gleiten. Wie hart die Haare sind. Doch als er die Hände tief hineingrub, spürte er die weiche Unterwolle. Wie viele Wölfe muss man wohl für so einen Mantel töten?

„Wer war eigentlich zuerst da?", fragte er. „Wolf oder Mensch?"

„Keine Ahnung. Ich weiß nur, dass wir uns irgendwann in grauer Vorzeit zusammentaten", sagte Opa. „Als Jagdkameraden."

„Und dann wurde aus dem Wolf der Hund", wusste Lukas.

Opa nickte. „Aber als aus den Jägern Bauern wurden, fingen die Probleme an. Ah, da ist ja die Matratze. Lass uns bloß wieder ins Warme gehen." Er nahm Lukas den schweren Pelz vom Schoß und legte ihn zurück in die Truhe.

„Wer bestimmt eigentlich, wer in Deutschland leben darf?"

„Tja, wem gehört die Welt?", erwiderte Opa. „Eine große Frage."

„Auf jeden Fall ja wohl nicht den Menschen alleine", meinte Lukas. „Wir tun bloß immer so, als wenn wir die Bestimmer wären."

Opa schlurfte in die Stube. Als er zurückkam, reichte er Lukas ein Foto, auf dem ein bärtiger Mann mit einer Schafherde zu sehen war.

„Ist der auch ein Vorfahr von mir?", fragte Lukas.

Opa lächelte. „Ja, ein entfernter Großonkel in den Pyrenäen, aber den meine ich gar nicht. Sieh genau hin." Inmitten der Schafe stand ein Hund. Majestätisch ragte sein Kopf aus der Herde heraus. „Leo", sagte Opa, „war ein Herdenschutzhund. Kein Wolf traute sich in die Nähe, wenn er bei seiner Herde war." Er seufzte. „Vielleicht brauchen wir hier auch wieder mehr solcher Hunde. Wir müssen lernen, den Wolf zu akzeptieren. Wie einen Nachbarn, der im gleichen Haus wohnt, dem man aber lieber aus dem Weg geht, weil er ein bisschen wild und unbeherrscht ist."

Wieso fiel Lukas jetzt gerade die Verkäuferin aus dem Bäckerladen ein? „Komm, Ruby braucht doch ihr Bettchen", riss Opa ihn aus seinen Gedanken.

Nachdem sie die Wiege im Auto verstaut hatten, überließen sie das Haus wieder seiner herbstlichen Einsamkeit. Lukas kuschelte sich mit Hundi in den Sitz. Draußen auf der Landstraße umfing sie sofort wieder der dunkle Wald, doch im Auto war es warm und heimelig.

Plötzlich bremste Opa scharf. Mit einem Ruck kam das Auto zum Stehen. Hundi flog quer durchs Auto. Opa fluchte. Zuerst waren es nur zwei helle Lichtpunkte in der Dunkelheit, geblendet vom Scheinwerferlicht, doch dann sahen sie ihn. Mitten auf der Straße stand ein Wolf, ein großer, grauer. Er schien ihre Atemlosigkeit zu spüren und trottete gemächlich ins Unterholz. Lukas starrte ihm hinterher. Noch einmal drehte der Wolf sich um. Für einen Wimpernschlag trafen sich ihre Blicke. Im nächsten Augenblick hatte der Wald ihn verschluckt.

Lukas und Opa fehlten die Worte. Schweigend fuhren sie weiter. Lukas sah aus dem Fenster. Der Wolf hatte eine Wildheit gehabt, die nicht auf ein Kopfkissen passte. Ganz anders als sein Hundi.

Als sie sich der Stadtgrenze mit all ihren Lichtern näherten, fragte Lukas: „Opa, weißt du, was ich später mal werden will?"

„Vor Kurzem wolltest du noch Weltraumforscher werden. Aber jetzt bin ich mir da nicht mehr so sicher."

„Ich ziehe in dein altes Haus und werde Herdenschutzhundezüchter. Damit die Wölfe hierbleiben dürfen."

„Klingt gut", sagte Opa. „Aber sollen wir jetzt erst mal zu Ruby fahren?"

Lukas nickte. „Wir müssen ihr noch ein Geschenk kaufen."

Opa lächelte.

„Einen Plüschwolf", sagte Lukas. „Damit sie sich gleich an unsere neuen Nachbarn gewöhnen kann."

Weltklima und Klimawandel

Wie alt bist du? Fünf, sieben oder vielleicht schon zwölf? Unsere Erde ist 4,6 Milliarden Jahre alt. Achtung, noch einmal als Zahl: 4.600.000.000 Jahre. Unvorstellbar alt! So viele Kerzen passen auf keinen Kuchen!

So, wie du dich im Laufe deines Lebens veränderst – noch vor ein paar Jahren warst du ein kleines Baby! –, hat sich auch die Erde im Laufe dieser unfassbar vielen Jahre oft verändert. Zum Glück! Denn auf dem Feuerball, der sie am Anfang noch war, könnte niemand leben!

Lange Zeiten über war es sehr warm auf der Erde. Und dann gab es wieder Jahrtausende, da herrschte so extreme Kälte, dass große Teile des Planeten mit Eis bedeckt waren.

Im Augenblick leben wir in einer **Eiszeit**, auch wenn das ganz schön verrückt klingt – vor allem im Sommer bei 30 °C! Als Eiszeiten werden die Perioden in der Erdgeschichte bezeichnet, wenn Nord- und Südpol mit Eis bedeckt sind. Innerhalb der Eiszeiten gab es aber auch immer kältere und wärmere Perioden. Seit etwa 12 000 Jahren herrscht eine **Wärmeperiode**, das **Holozän**.

Durch zahlreiche Untersuchungen auf der ganzen Welt können Wissenschaftlerinnen und Wissenschaftler inzwischen gut nachvollziehen, wann es auf der Erde besonders warm war und wann eiskalt. Und sie stellen fest, wie sich diese **Klimaveränderungen** auf das Leben auf unserem Planeten ausgewirkt haben: Je langsamer sich eine Klimaveränderung vollzogen hat, umso besser konnten sich Tiere und Pflanzen anpassen. Hat sich das Klima aber sehr schnell verändert, hatte das für viele Lebewesen schlimme Folgen. Denk an die Dinosaurier, die vor 65 Millionen Jahren in kurzer Zeit ausgestorben sind! Die Forscherinnen und Forscher nehmen an, dass damals ein Meteorit aus dem Weltall auf der Erde eingeschlagen ist und so viel Staub aufgewirbelt hat, dass die Sonne verdunkelt wurde und sich das Klima auf der ganzen Erde rasant verändert hat. Die an Wärme und Licht gewöhnten Pflanzen wuchsen nicht mehr – die Tiere, die sich von ihnen ernährten, fanden nichts mehr zu fressen und starben. Und als die Pflanzenfresser weg waren, starben die Fleischfresser, die sich von ihnen ernährt haben.

Dieses Beispiel zeigt: Alles hängt miteinander zusammen! Die Natur unseres Planeten ist nicht nur schön, sondern auch perfekt abgestimmt. Jede Pflanze, jedes Tier und sogar kleinste Organismen haben eine Aufgabe im Kreislauf des Lebens. Diese Wechselwirkungen und Abhängigkeiten zwischen Pflanzen und Tieren in einem

Lebensraum nennt man **Ökosystem**. Und fällt einer aus, wankt das System oder bricht womöglich komplett zusammen. Wie damals bei den Dinos …

Die Ozeane, Wälder und sogar scheinbar lebensfeindliche Gegenden wie die Wüsten oder die Polarregionen sind solche Ökosysteme. Für unseren Planeten sind sie Teile eines großen Kreislaufes: ein Kreislauf aus Wasser und Luft, Wärme und Kälte, Winde und Meeresströmungen.

Energiequelle für alles Leben auf unserer Erde ist die Sonne. Auf ihrer Umlaufbahn umkreist die Erde in einem Jahr einmal die Sonne. Dabei dreht sich die Erde auch um sich selbst – so entstehen Tag und Nacht.

Während die Erde die Sonne umrundet, treffen die Sonnenstrahlen nicht überall gleich auf die Erde auf, weil sie eine Kugel ist. Am **Äquator** kommen sie das ganze Jahr über fast senkrecht an. Deswegen ist es hier immer etwa gleich heiß. Je flacher die Sonnenstrahlen ankommen, desto weniger wärmen sie die Erdoberfläche. Am Nord- und am Südpol treffen die Strahlen in einem so flachen Winkel auf, dass es hier auch bei Sonnenschein kalt ist.

Auf diese Weise sind auf der Erde unterschiedliche **Klimazonen** (siehe Abbildung auf Seite 103) entstanden: Abhängig vom Klima leben in jeder dieser Zonen andere Tiere und Pflanzen, die sich an die Temperaturen und Witterungen angepasst haben.

Auf unserem Planeten konnte sich diese bunte Vielfalt an Leben entwickeln, weil die Erde von einer Schutzhülle aus Gasen umgeben ist: die **Erdatmosphäre.** Ein ganz wichtiges Gas darin ist **Sauerstoff,** den wir zum Atmen brauchen. Die Strahlen der Sonne durchdringen die Atmosphäre und treffen auf die Erdoberfläche. Die Erdoberfläche reflektiert die Sonnenstrahlen: Wie ein Spiegel werfen vor allem Wasser- und Eisoberflächen die Sonnenstrahlen zurück in den Weltraum. In der Schutzhülle sind auch Gase – die sogenannten **Treibhausgase** – enthalten, die einen Teil der reflektierten Sonnenwärme speichern, sodass sie auf der Erde bleibt. Das ist wie in einem Gewächshaus, in dem Tomaten gezogen werden: Die Sonnenstrahlen fallen durch das Dach und wärmen so das ganze Haus gleichmäßig auf. Das ist gut für die Tomaten und sie treiben schön aus. Deswegen wird so ein Glashaus auch Treibhaus genannt – und der Effekt mit dem Sonnenlicht und der

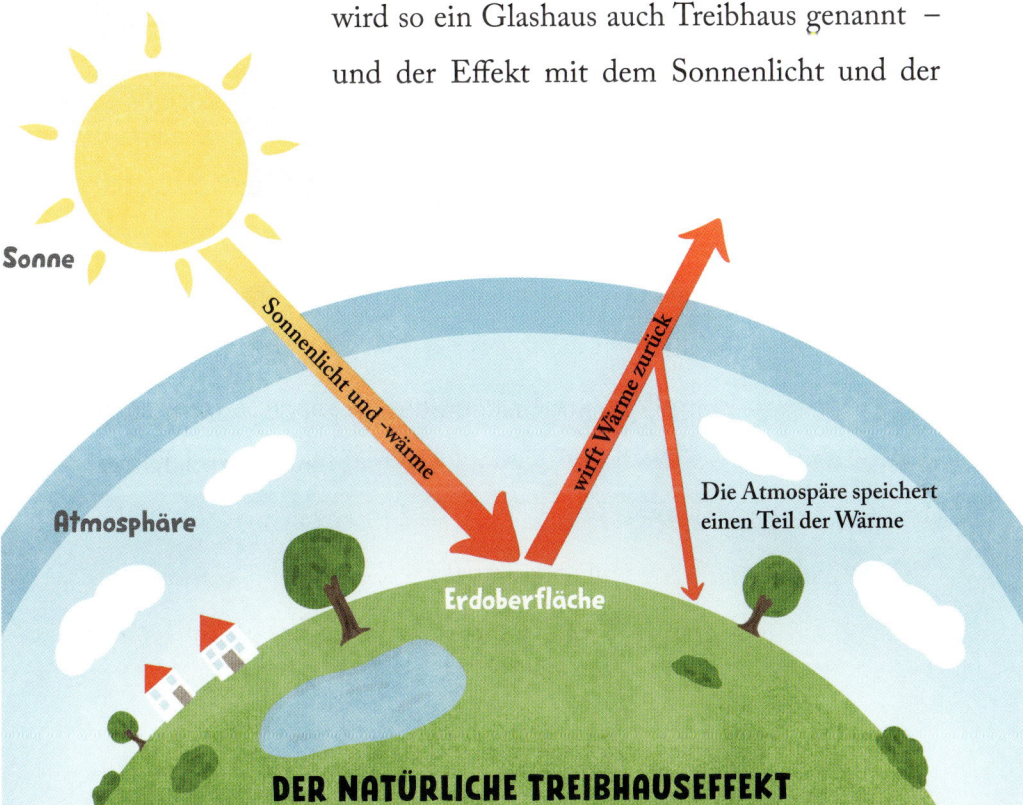

Sonne

Sonnenlicht und -wärme

wirft Wärme zurück

Atmosphäre

Erdoberfläche

Die Atmospäre speichert einen Teil der Wärme

DER NATÜRLICHE TREIBHAUSEFFEKT

Gasschicht wird **Treibhauseffekt** genannt. Der Treibhauseffekt ist ein natürlicher Vorgang. Ohne ihn wäre es auf unserer Erde kalt wie in einer Tiefkühltruhe und die meisten Tiere und Pflanzen könnten nicht existieren.

Durch verrottende Pflanzen, Vulkanausbrüche, Flächenbrände und andere natürliche Vorgänge auf der Erde wurden schon immer Treibhausgase in die Atmosphäre abgegeben. Allerdings verändert sich seit einiger Zeit die Zusammensetzung der Gase in der Atmosphäre: Seit die Menschen vor etwa 150 Jahren unter anderem damit angefangen haben, in großen Mengen **Kohle, Erdöl und Erdgas** aus der Erde herauszuholen und zu verbrennen, werden immer mehr Treibhausgase in die Atmosphäre abgegeben. Mehr Treibhausgase halten auch mehr Wärme in der Atmosphäre zurück, sodass überall auf der Erde die Temperaturen steigen. Das Eis an den Polen beginnt zu schmelzen und Wetterphänomene wie Starkregen, Stürme oder Hitzewellen werden extremer. Das **Klima** verändert sich, und das ziemlich schnell: Wir sprechen heute von einem „menschengemachten Klimawandel". Denn das Klima hat sich in über 4 Milliarden Jahren ständig gewandelt und hätte sich auch heute ohne den Eingriff des Menschen verändert – aber nicht in diesem rasanten Tempo! Und dass schnelle Klimawandel schlimme Folgen haben können, wissen wir spätestens seit dem Aussterben der Dinos.

Inzwischen überlegen viele Regierungen, was sie tun können, um den riesigen Ausstoß an Treibhausgasen zu verringern. So richtig denken sie aber erst darüber nach, seitdem weltweit Kinder und Jugendliche jeden Freitag auf die Straßen gehen, um für eine bessere „Klimapolitik" zu demonstrieren. Du siehst: Jeder kann etwas tun!

Den Hauptanteil an der Luft – und Umweltverschmutzung haben große Kraftwerke, Industrie, Verkehr, die Landwirtschaft. Doch wenn viele Menschen Kleinigkeiten in ihrem Verhalten ändern, hilft auch das unserem Planeten.

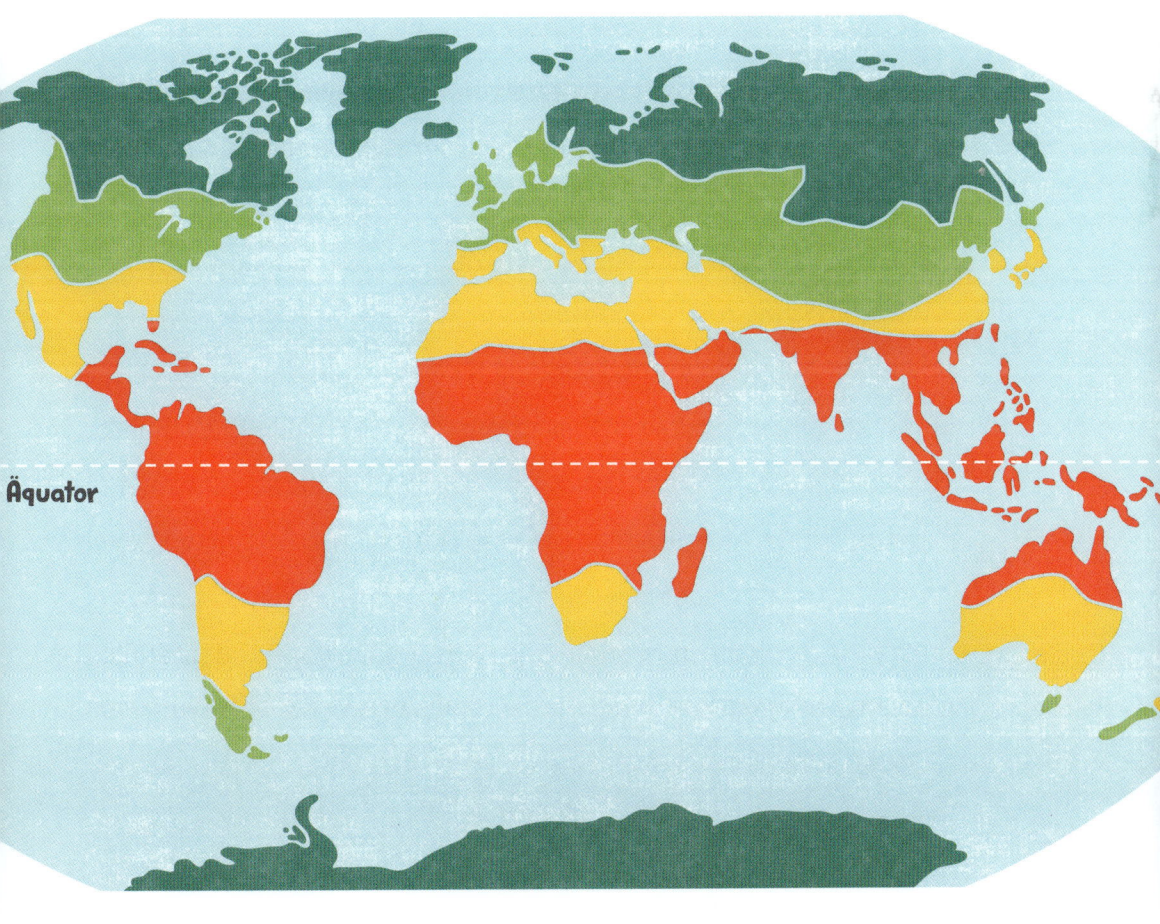

Äquator

■ POLARE + SUBPOLARE ZONE   ■ SUBTROPEN

■ GEMÄSSIGTE ZONE   ■ TROPEN

Brennpunkt Meer

Fast drei Viertel der Erdoberfläche ist von Wasser bedeckt: von kleineren und großen Meeren und von drei riesigen Ozeanen, dem **Atlantischen**, dem **Pazifischen** und dem **Indischen Ozean**. Sie sind miteinander verbunden, deshalb ist der Meeresspiegel überall auf der Welt ungefähr gleich hoch.

Durch Winde und Meeresströmungen findet ein Austausch zwischen den Meeren statt und sorgt so für einen Temperaturausgleich: In der Tiefe strömt kaltes Wasser aus den Polarmeeren Richtung Äquator. Und das Wasser, das dort an der Oberfläche von der Sonne erwärmt wurde, fließt Richtung Norden und Süden. Auf diese Weise werden auch das Klima und das Wettergeschehen auf der Erde reguliert.

Im **Wasserkreislauf** sind die Weltmeere mit den Flüssen und Seen auf dem Festland verbunden: In der Sonnenwärme verdunstet Wasser und steigt als Wasserdampf in die Atmosphäre hinauf, wo sich Wolken bilden. Werden die Wolken zu schwer, regnet es. Das

Regenwasser fließt über die Flüsse und Seen zurück ins Meer. Oder es versickert im Erdboden, wo es Pflanzen wachsen lässt und als Grundwasser gespeichert wird.

Regenwasser und das Wasser in Flüssen und Seen ist Süßwasser. Die Menschen und die meisten Tiere brauchen es zum Überleben. Das Salzwasser der Meere ist für sie ungenießbar. In der Gesamtmenge des Wassers auf unserer Erde macht das Süßwasser nur 3 % aus. Große Süßwasservorräte unserer Erde sind im Eis von Gebirgsgletschern und in der Eiskruste an den Polen eingefroren.

Vor vielen Millionen Jahren, als unser Planet kühler wurde und sich die Meere bildeten, entwickelte sich hier das allererste Leben,

DER WASSERKREISLAUF

das **Plankton**. Es besteht aus winzigsten Lebewesen, etwa Bakterien, Algen und Tierchen, die so leicht sind, dass sie im Wasser schweben und in den Meeresströmungen treiben. Organismen im Plankton, das **Phytoplankton**, nehmen das Treibhausgas **Kohlenstoffdioxid** (CO_2) auf und wandeln es über einen chemischen Prozess, den man **Fotosynthese** nennt, mit Hilfe von Sonnenlicht in Sauerstoff um. Plankton ist also wichtig für das Gleichgewicht an Gasen in unserer Atmosphäre. Außerdem dient es als Nahrungsquelle für zahlreiche Meeresbewohner: Plankton ist das unterste Glied in der **Nahrungskette** im Meer. Viele Fische und Meeressäugetiere fressen es – und die dienen wiederum größeren, fleischfressenden Tieren als Nahrung. Die meisten Meeresbewohner leben in der Nähe der Küsten, nur ein kleiner Teil lebt draußen in den Ozeanen oder sogar in der finsteren Tiefsee.

Die **Erderwärmung** infolge des Klimawandels hat auch auf die Weltmeere große Auswirkungen: Warmes Wasser dehnt sich aus, das bedeutet, dass der Meeresspiegel weltweit ansteigt. Inseln wie **Kiribati**, die nur wenige Meter aus dem Wasser ragen, werden dann überschwemmt, ebenso wie Städte, die an den Küsten gebaut wurden oder die italienische Stadt **Venedig**, die auf winzigen Inseln und sogar auf Stelzen *im* Wasser steht. Die Gletscher an den Polen und in den Gebirgen schmelzen, das Süßwasser fließt ins Meer, sodass es noch weiter ansteigt. Der Salzgehalt im Meerwasser wird dadurch verdünnt, das verändert die Meeresströmungen: Der Austausch von kaltem und warmem Wasser funktioniert nicht mehr so gut. Vielerorts steigt die Wassertemperatur dann noch weiter, insbesondere in Küstennähe. Einige Lebensformen können sich gut an die veränderten Temperaturen anpassen, andere nur schlecht oder überhaupt nicht: In warmen Meeren gibt es weniger Plankton. Entsprechend wird weniger CO_2 in Sauerstoff umgewandelt und es ist weniger Nahrung vorhanden. Das **Great Barrier Reef** vor der Küste Australiens ist ein Verbund aus über 3 000 farbenprächtigen **Korallenriffen**, Heimat für Tausende von Lebewesen. Korallen sind sehr empfindlich: Dass das Wasser wärmer und der Salzgehalt dünner wird, vertragen sie nicht. Sie bleichen aus und verhungern. Mit ihnen werden Lebewesen wie der Clownfisch, der in den Korallen lebt, aussterben. Dreiviertel des Riffbestands im rund 2 300 km langen Great Barrier Reef sind inzwischen stark gefährdet.

Nicht nur Plankton und Fischschwärme schwimmen mit den Meeresströmungen: **Plastikmüll**, der im Meer gelandet ist, bildet in den Wirbeln der Strömungen riesige Inseln. Die größte dieser Müllinseln schwimmt im Pazifischen Ozean und ist dreimal größer als Frankreich. Plastik verrottet nicht, sondern zerfällt in immer kleinere Teilchen und schwebt irgendwann als **Mikroplastik** im Wasser. Die Meeresbewohner halten es für Futter und verschlucken es, doch Plastik können sie nicht verdauen. Sie werden krank und sterben. Höchste Zeit, etwas zu verändern!

Das kannst du tun, um etwas zu verändern:

- Versuche, Plastik zu vermeiden. Plastik, das du einsparst, kann nicht im Meer landen!

- Bitte deine Eltern beim Einkaufen, dass sie Wurst und Käse an der Frischetheke kaufen und nicht in Plastikverpackungen im Kühlregal.

- Kaufe Getränke in Glasflaschen.

- Verzichte auf Plastiktüten.

- Verzichte auf Kleidung mit Plastikfasern! Aus Stoffen, die Polyester, Polyamid, Polyacryl oder Nylon enthalten, lösen sich bei jedem Waschgang Mikroplastikteilchen. Die werden in unsere Gewässer geschwemmt.

- Bitte deine Eltern, dir Kleidung aus Naturfasern (Baumwolle, Viskose) zu kaufen.

- Verwende zum Waschen Seife und verzichte auf in Plastik verpackte Duschgels, die Mikroplastik enthalten.

- Räum mit deinen Freunden die Umgebung auf! Schnappt euch Handschuhe, Müllsäcke und sammelt den Müll ein, den ihr am Strand, an Flüssen und in der Landschaft findet. Trennt ihn, bevor ihr ihn entsorgt.

Brennpunkt Polarregion

Der Nordpol ist der nördlichste Ort der Erde, der Südpol der südlichste. Beide Polkappen sind von dicken Eisschichten umgeben: Der Nordpol liegt in der **Arktis**, ein von drei Kontinenten umgebenes und in großen Teilen zugefrorenes Eismeer, dessen „fester Teil" wie ein riesiger Eiswürfel im Meer schwimmt. Der Südpol liegt in der **Antarktis**. Antarktika ist ein von Eismeer umgebener Kontinent. Die Landmasse ist größer als Europa. An beiden Polkappen herrschen das ganze Jahr über Minustemperaturen. Die Antarktis ist noch kälter als die Arktis, die ja im Wasser liegt und von den ankommenden Meeresströmungen „gewärmt" wird. Das Leben in diesen Regionen ist so unwirtlich, dass sie „Wüsten" genannt werden – Eiswüsten.

Doch im Meer und im Packeis rund um die Eismassen und an den Küsten ist einiges los: Hier leben Krebstiere, riesige Fischschwärme, Wale, Vögel, Schneefüchse, Schneehasen und Robben, die sich an das Leben in der Kälte angepasst haben. In der Antarktis leben Pinguine und in der Arktis Eisbären. Pflanzen und Insekten gibt es hier allerdings fast keine.

Die Polarzonen sind für das Weltklima von großer Bedeutung: Das Sonnenlicht, das hier ankommt, wird von den weißen Schnee- und Eismassen zurückgeworfen und dessen Wärme nicht gespeichert.

Wenn es am Nordpol Sommer ist, ist es am Südpol Winter – und umgekehrt. Im Sommer wird es nachts nicht dunkel. Dafür herrscht in den Wintermonaten 24 Stunden lang Nacht … mit eisigen Temperaturen, −70 °C und noch tiefer in der Antarktis! Im Sommer schmelzen Schnee und Eis von den Gletschern und fließen als Wasser in die Ozeane. Das Packeis um die Antarktis nimmt ab und die Eismasse in der Arktis wird ein ganzes Stück kleiner. Im Winter friert es dann und schneit. Die Eismassen wachsen wieder.

Seit die Erde durch den Klimawandel immer wärmer wird, schmelzen Eis und Schnee im Sommer schneller. Aber im Winter bildet sich nicht mehr so viel neues Eis. In den letzten 30 Jahren ist die Arktis bereits deutlich kleiner geworden. Wo früher weiße Fläche das Sonnenlicht reflektiert hat, ist nun dunkles Meer, das die Wärme der Sonnenstrahlen aufnimmt.

Weniger Eis bedeutet auch, dass der Lebensraum für viele Tiere kleiner wird. Insbesondere Eisbären haben riesige Jagdgebiete. Weite Strecken legen sie auf treibenden Eisschollen zurück. Sind die Eisschollen aber geschmolzen, haben sie keine „Mitfahrgelegenheit" und müssen selber schwimmen – ohne Eisschollen-Inseln zum Pausieren.

Und auch hier leidet die ganze Nahrungskette, wenn es zu warm wird: Es gibt weniger Plankton, also weniger Nahrung für Fische, also weniger Futter für Robben, die wiederum auf dem Speisezettel der Eisbären stehen. Viele Tiere sterben oder suchen sich neue Lebensräume. Der Eisbär wandert auf Nahrungssuche nun bis in die **subpolare Zone**, in der auch Menschen leben.

Die subpolare Zone schließt sich an die polare Zone an. Sie zieht sich über drei Kontinente auf der Nordhalbkugel der Erde: Russland (in Asien), Kanada und Alaska (in Nordamerika) und Skandinavien

(Europa). Auch hier ist es in den Wintern sehr kalt und in den Sommern kaum wärmer als 10 °C. Doch in der **Tundra**, der „Kältesteppe", wachsen Moose und andere Pflanzen, in der **Taiga** wuchert ein Urwald mit riesigen Nadelbäumen, Lebensraum für unzählige Pflanzen, Insekten und Tiere! Hier ist es so kalt, dass die tiefen Schichten im Boden das ganze Jahr über gefroren sind – selbst wenn es im Sommer an der Oberfläche grünt und blüht. Im **Permafrost** sind Massen von abgestorbenen Pflanzenresten eingeschlossen, die vor Millionen von Jahren Treibhausgase aus der Luft aufgenommen haben. Durch die Erderwärmung schmilzt der Permafrost. Dadurch tauchen nicht nur zuvor im Eis eingefrorene Mammuts auf, es werden auch bisher eingeschlossene Treibhausgase in die Erdatmosphäre abgegeben.

Die Nadelbäume des Urwalds reinigen die Luft, indem sie Kohlendioxid aufnehmen und Sauerstoff abgeben und so zur Regulation des Klimas auf der ganzen Welt beitragen. Doch große Teile vom Nadelwald werden abgeholzt, um das Holz zu verkaufen und um an Erdöl, Erdgas, Steinkohle und andere **Bodenschätze** zu gelangen, die hier vorkommen. Durch steigende Temperaturen und anhaltende Trockenperioden kommt es vermehrt zu riesigen Wald- und Steppenbränden. Mit dem Feuerrauch gelangt noch mehr CO_2 in die Atmosphäre … und die Hitze der Feuer lässt den Permafrostboden noch schneller auftauen. Höchste Zeit, etwas zu verändern!

Das kannst du tun, um etwas zu verändern:

- Spende für Umweltorganisationen, die sich für die Urwälder und die Tiere darin einsetzen – oder werde selbst Mitglied einer Umweltorganisation!

- Versuche, mit Rohstoffen sparsam und bewusst umzugehen. Papier wird aus Holz gemacht. Wenn du beide Seiten eines Blattes verwendest, spart das Bäume. Achte beim Kauf von Zeitungen und Büchern darauf, dass sie auf „nachhaltigem Papier" gedruckt wurden: Dann werden für die Bäume, die gefällt werden, neue nachgepflanzt. Ob das Papier nachhaltig hergestellt wurde, erkennst du am FSC-Siegel. Schau gleich mal auf Seite 126 dieses Buchs nach, wie es aussieht.

- Kaufe keine echten Pelze! Viele Tiere in den wilden Wäldern und Steppen sterben, weil Menschen Jagd auf sie machen – nur um ihre Pelze zu verkaufen!

- Spare Energie! Jedes Gerät, das an einer Steckdose angeschlossen ist, braucht Energie. Auch im „Stand by"-Modus verbrauchen sie viel Strom. Also: Schalte deine Geräte und das Licht aus, wenn du für längere Zeit den Raum verlässt.

Brennpunkt Wald

Kennst du den Wald? Nicht so einer, in dem alle Bäume gleich sind: groß und gerade, um daraus Holz für Papier und Möbel zu produzieren. Zwar bietet auch solch eine Baumplantage Tieren Rückzugs- und Lebensräume. Aber wild und natürlich mögen sie es lieber: Hier fühlen sich viele verschiedene Tiere und Pflanzen wohl – es gibt eine große **Biodiversität**. Ein naturbelassener Wald ist ein in sich geschlossenes **Ökosystem**, also ein Kreislauf, in dem jedes Lebewesen seinen Platz und seine Aufgabe hat.

Der Wald, das sind zunächst Bäume: Laubbäume treiben im Frühling junge Triebe, Blätter und Blüten aus. Die Blüten dienen Vögeln, Bienen und anderen Insekten als Nahrung – dabei bestäuben die Tiere die Blüten, sodass im Laufe des Sommers daraus Früchte wachsen können, zum Beispiel Eicheln an der Eiche oder Bucheckern an der Buche. Im Herbst verlieren die Laubbäume ihre Früchte und ihre Blätter. Sie fallen zu Boden, wo sie „verrotten": Sie werden von kleinsten Organismen zu Erde zersetzt. In dieser fruchtbaren Erde können die herabgefallenen Früchte keimen, und im Frühling wächst daraus ein neuer Baum. Jedenfalls, wenn die Frucht nicht vorher von einem Tier gefressen wurde – fetthaltige Leckerbissen, die ihm helfen, im Winter zu überleben.

In jedem Wald leben die Tiere in einer wechselwirkenden Beziehung zusammen: Kleinste Pflanzenfresser, zum Beispiel Mäuse, ernähren sich von Pilzen, Beeren und Früchten. Auf sie machen kleinere Fleischfresser Jagd, etwa Füchse oder Eulen. Auch größere und große Pflanzenfresser leben im Wald, beispielsweise Rehe. Sie rupfen das Grün von den Bäumen und fressen Baumkeimlinge. Im Winter knabbern sie auch an der Baumrinde und verletzen damit die Bäume. Wenn es zu viele Rehe gibt, können sie dem Wald wirklich schaden.

Bis vor etwa 300 Jahren lebten in unseren Wäldern **Wölfe**. Sie machten Jagd auf die Rehe, und so gab es selten zu viele. Die Wölfe halfen also dem Wald. Doch dann kamen wir dazwischen. Seit die Menschen vor über 8000 Jahren seßhaft wurden, roden sie Wald, um das Holz zu nutzen und Platz zu schaffen für Viehweiden, Häuser und Straßen. Der Lebensraum des Wolfs wurde kleiner – aber auf den eingezäunten Viehweiden fand er leichte Beute, die nicht weglaufen konnte. Um ihre Nutztiere zu schützen, jagten die Menschen den Wolf – und zwar in solchem Ausmaß, dass er in unseren Wäldern bis vor 20 Jahren als komplett „ausgerottet" galt. Das finden viele Menschen gut, denn sie haben Angst vor Wölfen. Auch für die Rehe ist es gut, denn sie haben nun keinen natürlichen Feind mehr. Aber dadurch ist das Ökosystem Wald aus dem Gleichgewicht geraten. Heute müssen Jäger dafür sorgen, dass es nicht mehr Rehe gibt, als der Wald verkraften kann.

Die Bäume des Waldes haben noch eine weitere wichtige Funktion: Über ihre Blätter (an Nadelbäumen sind das die Nadeln) wandeln sie Kohlendioxid, also CO_2, in Sauerstoff um – ein chemischer Prozess, der **Fotosynthese** genannt wird, wie du ja schon weißt. Wälder sind also wichtige Sauerstoffproduzenten. Je größer sie sind, desto mehr Sauerstoff produzieren sie.

Die **Regenwälder** der tropischen Klimazone rund um den Äquator sind so groß, dass sie oft „Lunge der Welt" genannt werden. Hier, im dauerhaft feucht-warmen Klima, gedeihen unzählige Pflanzen und Bäume, und es leben so viele Tiere – vor allem Vögel, Schmetterlinge und andere Insekten, Amphibien wie Frösche –, dass Forscherinnen und Forscher noch längst nicht alle entdeckt haben. Viele Tierarten werden sie vermutlich nicht mehr entdecken, bevor sie von unserem Planeten für immer verschwinden, weil sie ihren Lebensraum verloren haben: Es werden riesige Flächen Regenwald vernichtet. Warum? Das Holz vieler Bäume, die hier wachsen, gilt als besonders edel und „makellos". Denn da es im Regenwald keine Jahreszeiten gibt, haben die Bäume keine Jahresringe wie in unserer Klimazone. Deswegen wird es gern zum Bau von Möbeln verwendet. Große Flächen werden gerodet, um daraus Weideland für Rinder und andere Nutztiere zu machen. Aus ihrem Fleisch werden Burger oder Steaks produziert. Oder es werden neue Bäume gepflanzt: Quadratkilometer große Palmenplantagen, um aus den Früchten Palm- oder Kokosöl zu gewinnen, das in Lebensmitteln wie Keksen oder Schokocremes verwendet wird. An einigen Stellen liegen unter dem Wald Bodenschätze wie Erdöl, Erdgas, Gold, Erze und **Metalle der Seltenen Erden**, die in Akku-Batterien, Plasmabildschirmen, Dauermagneten und anderen hochtechnischen Geräten verbaut werden.

Mit dem schwindenden Regenwald gibt es weniger Sauerstoff in der Atmosphäre, weniger Tiere, weil sie ihren Lebensraum verlieren und weniger Feuchtigkeit und Wolken. Denn über dem Wald verdunstet viel Wasser. Der Wasserdampf steigt auf, bildet Wolken, die dann abregnen. Der Urwald und die dichte Wolkendecke darüber schützen die Erde davor, sich zu stark aufzuheizen. Wie bedeutend der Regenwald für das Weltklima ist, finden Forscherinnen und Forscher erst jetzt heraus. Trotzdem wird pro Minute Regenwald in der Größe von 42 Fußballfeldern zerstört! Höchste Zeit, etwas zu verändern!

Das kannst du tun, um etwas zu verändern:

- Kaufe keine Lebensmittel, in denen Palm- oder Kokosöl steckt – oder wenn, dann aus nachhaltigem Anbau. Auf jeder Verpackung findest du eine Zutatenliste.

- Metalle der Seltenen Erden lassen sich gut recyceln: Wirf deswegen alte Batterien, Handys und andere elektrische Geräte niemals in den normalen Müll, sondern gib sie beim Wertstoffhof ab.

- Achte beim Kauf neuer Geräte darauf, dass sie „nachhaltig" hergestellt wurden. Das ist leider nicht einfach, denn ein Siegel gibt es nicht. Am besten kaufst du möglichst selten neue Geräte, denn ihre Herstellung verbraucht immer viel Energie.

- Achte beim Kauf von Möbeln darauf, dass das Holz aus „nachhaltiger Forstwirtschaft" stammt – das sagt dir das FSC-Siegel.

- Auf Möbel aus Tropenholz solltest du verzichten: Dafür wurde nicht nur Regenwald gerodet. Sie haben auch einen langen Transportweg hinter sich.

- Lass im Wald keinen Müll liegen. Schnapp dir ein paar Freunde, Handschuhe und eine Tüte und sammelt auf, was andere liegen lassen – besonders Plastik ist schädlich für die Tiere!

Brennpunkt Wüste

Etwa ein Fünftel der Landmasse auf der Erde ist von Wüsten bedeckt – riesige, von Sand, Kies, Fels, Salz oder Eis bedeckte Flächen. Hier leben nur wenige Tiere, die sich den extremen Bedingungen wie den großen Temperaturschwankungen und vor allem der Trockenheit anpassen konnten. Denn eines haben alle Wüsten gemeinsam: Es sind die trockensten Orte auf unserem Planeten.

Die Wüsten der Erde sind durch unterschiedliche Klima- und Wettereinflüsse entstanden. Wenn du das Wort „Wüste" hörst, denkst du vermutlich sofort an die Sahara in Afrika, etwa 26 Mal so groß wie Deutschland. Die Sahara liegt in der **subtropischen Zone** – in dieser Klimazone haben sich überall auf dem Globus, auf der Nord- und auf der Südhalbkugel, Wüsten gebildet. Im Gegensatz zur tropischen Zone, in der es regelmäßig regnet, ist die subtropische Zone sehr trocken: Die Regenwolken, die über den tropischen Wäldern entstehen, werden zwar von den Winden Richtung Norden und Süden geweht. Doch auf ihrem Weg übers Land regnen sich die Wolken ab – sie werden immer leichter. Und schließlich lösen sie sich in der sengenden Hitze der Sonnenstrahlen, die zwischen dem Äquator und den Wendekreisen nahezu senkrecht auf die Erde treffen, auf.

In der **Savanne**, der Steppe der Subtropen, regnet es wenig – und in den angrenzenden Wüsten kaum öfter als ein- oder zweimal im Jahr oder noch seltener. Und ohne Regen wachsen keine Pflanzen …

Die Namib-Wüste ist eine subtropische Wüste auf der Südhalbkugel – allerdings eine „Küsten- und Nebelwüste": Obwohl sie direkt am Atlantischen Ozean liegt, ist sie einer der trockensten Orte der Welt mit Temperaturen von 50 °C am Tag und 0 °C in der Nacht. Das liegt an einer kalten Meeresströmung aus der Antarktis, die an der Küste entlangfließt. Es bildet sich zwar oft dichter Nebel, aber keine Regenwolken. Die Tiere und Pflanzen, wie die nur in der Namib beheimatete Welwitschia, sind echte Überlebenskünstler und haben sich angepasst: Sie zehren von den winzigen Nebelwassertropfen und kommen mit der Hitze zurecht.

Doch der Klimawandel bedroht das Ökosystem: Noch größere Hitze würden auch Nashorn, Gecko & Co. nicht ertragen. Die Sandstürme, die hier oft toben, werden zunehmend heftiger, tragen den Sand fort und zerstören Lebensräume.

Durch lange Dürreperioden breiten sich viele Wüsten aus und „verwüsten" buchstäblich ganze Landstriche. Auch dort, wo in den Savannen zu viele Nutztiere weiden und Bäume gefällt werden, um Brennholz zu gewinnen, vergrößern sich die Wüsten. Und es entstehen Wüsten, wo Seen austrocknen, wie zum Beispiel der Aralsee in Asien: Einst war er fast so groß wie das Bundesland Bayern und reich an Fischen. Für den Anbau von Baumwolle haben die Landwirte Wasser aus dem großen, aber flachen See entnommen. Inzwischen ist der See nahezu ausgetrocknet – und für den Baumwollanbau werden Unmengen an Dünger und Pestiziden eingesetzt. Höchste Zeit, etwas zu verändern!

Das kannst du tun, um etwas zu verändern:

- Wasser ist das kostbarste Gut auf der Erde. Stelle also den Wasserhahn ab, während du dir die Zähne putzt. Dusche lieber, statt zu baden.

- Spül- und Waschmaschine sollten bei euch erst laufen, wenn sie voll sind.

- Das meiste Wasser wird allerdings zur Bewässerung benutzt, in der Landwirtschaft ... und in den Gärten! Statt das kostbare Süßwasser auf den Rasen zu gießen, befülle lieber Trinkschalen für Vögel und Insekten, die im Sommer unter der Trockenheit leiden.

- Um die Baumwolle für ein einziges T-Shirt anzubauen, werden 2 500 Liter verbraucht. Gehe also achtsam mit deiner Kleidung um: Billige „Wegwerf-Mode", die, kaum getragen, weggeworfen wird, ist schlecht für die Umwelt.

- Um die Ausbreitung der Wüsten zu stoppen, gibt es zahlreiche Umweltprojekte. In Afrika wird entlang der Sahara die „Große Grüne Mauer" errichtet: ein

8 000 Kilometer langer Schutzwall aus Bäumen!
Auf www.greatgreenwall.org erfährst du mehr.
„Plant for the Planet" ist ein von Kindern und Jugend-
lichen getragenes Umweltprojekt, bei dem überall
auf der Welt Bäume gepflanzt werden – vielleicht
auch bald bei dir in der Nähe. Mach dich schlau auf
www.plant-for-the-planet.org

Die Autorinnen und Autoren

Nina Blazon, in der Nähe von Triest geboren, studierte Slawistik und Germanistik. Nachdem sie an verschiedenen Universitäten unterrichtet, in einer Werbeagentur getextet und für Tageszeitungen und Zeitschriften Artikel verfasst hatte, begann sie ab 2003 Kinder- und Jugendbücher zu schreiben. Ihre historischen Romane, Fantasy-Geschichten und Krimis wurden vielfach ausgezeichnet. Sie lebt in Stuttgart.

Anke Girod arbeitete zunächst als Lehrerin und stellvertretende Leiterin an verschiedenen Schulen in Hamburg und Schleswig-Holstein. Nach 13 Jahren begann sie für Kinder zu schreiben und veröffentlicht seitdem in mehreren Kinder- und Jugendbuchverlagen. Am schönsten findet sie es in ihren beiden Berufen, Kindern Mut zu machen, ihren ganz eigenen Weg zu finden. Anke Girod lebt mit ihrer Familie in Hamburg.

Andreas Hüging verbrachte 20 Jahre als Musiker, Texter und Komponist in Hamburg und mit Bands auf Tour, bevor er zu schreiben begann. **Angelika Niestrath** war Buchhändlerin und arbeitete für Verlage. Seit einiger Zeit schreiben die beiden Kinderbücher und entwickeln dazu Bühnenshows. Das Duo lebt in der Grafschaft Bentheim und in Berlin-Friedrichshain.

Sven Gerhardt wäre beinahe Grundschullehrer geworden, hat sich dann aber doch dazu entschlossen, sein Hobby zum Beruf zu machen. Nach einigen Jahren in der Werbebranche arbeitet er mittlerweile als Grafiker und Autor in der Verlagswelt. Mit den „Heuhaufen-Halunken" hat er es auf die Kinderbuch-Bestsellerlisten geschafft. Sven Gerhardt lebt mit seiner Familie in Marburg.

Sandra Kissling, die Illustratorin dieses Buchs, studierte Kommunikationsdesign in Stuttgart und war danach viele Jahre als selbstständige Grafikdesignerin tätig. Heute lebt und arbeitet sie als freie Illustratorin in Süddeutschland.

Katja Ludwig arbeitet als Chirurgin, wenn sie nicht gerade schreibt. Im Rahmen der Akademie für Kindermedien entwickelte sie ihr erstes Kinderbuchprojekt und erhielt dafür den Preis der Mitteldeutschen Medienförderung. Kürzlich erhielt sie vom Berliner Senat ein Arbeitsstipendium. Ihr zweiter Kinderroman erscheint im Sommer 2021. Mit ihrer Familie lebt sie in Brandenburg und in Berlin.

Usch Luhn, in einem Dorf in Österreich geboren, zog später nach Deutschland. Nach dem Abitur studierte sie Germanistik und Publizistik und arbeitete beim Radio und Kinderfernsehen, bis sie begann, eigene Geschichten zu erzählen. Mittlerweile lebt sie als Autorin in Berlin und am Wattenmeer in Ostfriesland. Sie unterrichtet an einer Filmschule, schreibt Filmdrehbücher und hat sich über 50 Kinder- und Jugendbücher ausgedacht.

Bettina Obrecht wuchs sie in Weil am Rhein auf. Nach dem Abitur verbrachte sie einige Zeit in Costa Rica. Danach studierte sie Englisch und Spanisch. Seit 1990 arbeitet sie als freie Autorin und Übersetzerin.

Sie hat über 50 Kinder- und Jugendbücher für verschiedene Verlage geschrieben. Außerdem verfasst sie Texte für den Rundfunk und für Kindertheater. Mit ihrer Familie lebt sie in der Nähe von Gießen.

Gesa Schwartz, in Stade geboren, hat Deutsche Philologie, Philosophie und Deutsch als Fremdsprache studiert. Danach reiste sie auf den Spuren der alten Geschichtenerzähler durch Europa. Für ihr Debüt „Grim. Das Siegel des Feuers" erhielt sie den Deutschen Phantastik Preis. Seither wurden ihre Bücher mehrfach ausgezeichnet und in viele Sprachen übersetzt. Gesa Schwartz lebt mit ihrer Familie in Hamburg und schreibt am liebsten in ihrem Zirkuswagen.

Anna Taube, die Herausgeberin, studierte Kulturwissenschaften und arbeitete in verschiedenen Kinderbuchverlagen, bevor sie sich als freie Lektorin, Autorin und Übersetzerin selbständig machte. Sie lebt mit ihrer Familie in der Nähe von Coburg im idyllischen Oberfranken.

THiLO verbrachte den Großteil seiner Kindheit in der elterlichen Buchhandlung. Nach der Schule reiste er durch Afrika, Asien und Mittelamerika, bevor er Publizistik studierte und mit seiner Kabarettgruppe durch die Lande zog. Daneben arbeitete er für Funk und Fernsehen. Heute schreibt er erfolgreich Geschichten und Drehbücher für Kinder und Jugendliche. Mit seiner Familie lebt er in Mainz.

Susanne Weber, geboren in Oldenburg, studierte in Berlin Germanistik und Romanistik. Sie arbeitete einige Jahre als Lektorin in verschiedenen Kinderbuchverlagen, bevor sie begann, selbst erfolgreiche Kinderbücher zu schreiben. Es sind schon über 30 Titel von ihr erschienen. Sie lebt als Autorin und Übersetzerin mit ihrer Familie in Berlin.

Bei diesem Buch wurden die durch das verwendete Material und die Produktion entstandenen CO$_2$-Emissionen ausgeglichen, indem Penguin JUNIOR ein Projekt zur Aufforstung in Brasilien unterstützt. Weitere Informationen zu dem Projekt unter: www.ClimatePartner.com/14044-1912-1001

Penguin Random House Verlagsgruppe
FSC® N001967

1. Auflage 2021
© 2021 Penguin JUNIOR in der
Penguin Random House Verlagsgruppe GmbH,
Neumarkter Straße 28, 81673 München
Alle Rechte vorbehalten
Konzept und Sachtexte: Anna Taube
Cover und Innenillustrationen: Sandra Kissling, Leonberg
Umschlagkonzeption: Maria Proctor
hf · Herstellung: AJ
Satz: dtp im Verlag
Druck: Mohn Media GmbH, Gütersloh
ISBN 978-3-328-30016-8
Printed in Germany

www.penguin-junior.de
Dieses Buch ist auch als E-Book erhältlich.